解密青春期情绪

崔京淑 —— 著

机械工业出版社
CHINA MACHINE PRESS

目前，困扰孩子的焦虑、抑郁、失眠、叛逆、自卑、情绪不稳定等问题，发生的比例直线上升，已经刻不容缓地摆在父母、学校和社会教育工作者面前。

本书通过一些案例展现了青春期孩子和他们的父母陷入的情绪困境，并从生活环境、心理成长、内在需要、思维模式、主观体验、行为界限、自我迷失、情感认知、品格教育等方面深入剖析了情绪背后的问题。书中不仅有案例分享、概念分析，作者还分享了自己在实际咨询中让家长使用的一些行之有效的练习小技巧，帮助读者朋友们在日常生活中，通过动脑、动心、动手，助人助己。

本书适合12到25岁孩子的家长和老师使用。

图书在版编目（CIP）数据

解密青春期情绪 / 崔京淑著 . — 北京：机械工业出版社，2021.12（2023.8重印）

ISBN 978-7-111-69635-3

Ⅰ. ①解… Ⅱ. ①崔… Ⅲ. ①青春期 - 情感教育 Ⅳ. ① G479

中国版本图书馆CIP数据核字（2021）第243158号

机械工业出版社（北京市百万庄大街22号　邮政编码100037）
策划编辑：王淑花　徐曙宁　　责任编辑：王淑花　徐曙宁
责任校对：邓小妍　　　　　　责任印制：张　博
中教科（保定）印刷股份有限公司印刷

2023年8月第1版第2次印刷
169mm×239mm・14.75印张・1插页・192千字
标准书号：ISBN 978-7-111-69635-3
定价：59.80元

电话服务　　　　　　　　　　网络服务
客服电话：010-88361066　　　机 工 官 网：www.cmpbook.com
　　　　　010-88379833　　　机 工 官 博：weibo.com/cmp1952
　　　　　010-68326294　　　金 书 网：www.golden-book.com
封底无防伪标均为盗版　　机工教育服务网：www.cmpedu.com

推荐序一

孩子的问题来自父母的教育方式

近日,喜闻崔京淑老师为青春期孩子写了一本书,非常高兴。现代教育需要更多有识之士来共同努力关注青春期孩子的身心健康。崔老师以积极心理学的理论和实践来呈现青春期孩子的不同情绪问题,为孩子们顺利度过这个特殊阶段提供了新的研究方向。

许多孩子到了青春期就开始出现各种情绪问题,家长们很奇怪:为什么别人家的孩子那么乖,自己家的孩子这么难管?

我从教三十多年,教育经验和心得告诉我:每一个孩子都是没有问题的,有问题的是父母的教育方式。教育的关键在于,用正确的方法帮助孩子们认识自己的错误。

我有三点建议:

一、用"犯错说明书"代替"检讨书"的惩罚

孩子犯错误是难免的,批评打骂,让孩子写检讨,常常无济于事。这是因为:孩子还没有认识到自己犯错误的原因和动机。我最常用的纠正错误的办法是让学生写"犯错说明书"。

我会要求孩子这么写：先描绘出自己犯错误前、犯错误时，他"脑袋里的两个小人儿"是怎样进行思想斗争的；然后再写出知道自己犯了错误后，两个小人的感想。

这种办法的好处是避免孩子在写所谓的检讨书时，千篇一律地使用"我犯了×××错误，带来了……不好的影响，请老师、家长原谅……下次我一定改正"这样的格式。这种检讨书没有真正触及孩子的内心。在我看来，"犯错说明书"能够帮助孩子找到自己错误的真正原因，通过观察自我、分析自我，才能在下次再面临这样的问题时，进行正确的选择。

二、教孩子写"心理病历"，应对顽疾错误

如果孩子反复犯错，家长应该怎么办呢？大家可以试试让孩子写"心理病历"，包括疾病名称、发病时间、发病原因、治疗方法和所需疗程，都让孩子自己来写。曾经有一个特别"爱说脏话"的学生，因为已经养成了习惯——连她自己都意识不到自己在"骂人"。这个学生给自己写病历时回忆：自己开始骂人，是因为三年级班上的一次骂人比赛，她赢了，之后就一发不可收拾……她想出几副药：最有效的一副是老师，其次是她的父亲，再者是她最佩服的同学。这个办法让孩子学会主动分析自己的病因，并制订了详细的治疗对策。例如，刚开始时，她坚持一天不骂人，后来坚持三天，再后来可以坚持一周……在老师的鼓励下，孩子逐渐体会到战胜自我的快乐，也改掉了自己的坏毛病。

三、给孩子的两种小惩罚

孩子会经常犯一些小错误，没到要写"犯错说明书"和"心理病历"的地步，父母该怎么做呢？我的建议是把这样的小错误记录下来，通过给大家表演节目，或者给他人"做好事"的方式来"抵消"自己的过错。这种方式，既不会让孩子产生逆反心理，也可以让他意识到这是因为他犯了小错误

在受罚，避免让他产生"荣耀感""骄傲感"；同时，这样做还能保证与孩子之间的亲密关系，避免出现一些冲突和隔阂。孩子在外面犯了小错误，也可以"惩罚"他给父母买件小礼物，这比单单给孩子讲道理更有用。

这样的引导能让孩子挖掘自己的责任心、自尊心，起到增强孩子自信心的作用，也可以引领孩子发现一个新的、更强大的自己。

我们只看到别人家的孩子乖、学习成绩好、懂事，却没看到别人家的父母在背后做出的努力。往往那些青春期很好控制个人情绪的孩子，他们背后都有一对情商很高的父母，他们善于和孩子沟通，潜移默化地帮助孩子控制情绪、养成好习惯，孩子到了青春期就能平和度过。而在青春期爆发出问题的孩子，父母的教育方式或多或少地都存在问题，比如不擅长沟通，和孩子说不了两句话就没话讲了，这往往是大多数父母的通病。

父母之所以不擅长和孩子沟通，不是因为不想和孩子沟通，而是不了解孩子，不知道孩子心里在想什么……面对焦虑的青春期孩子，我们要了解青春期孩子的心理。崔京淑老师在《解密青春期情绪》里做了较全面的诠释，希望广大家长们通过阅读此书，更好地学习一些积极心理学的教育方法。

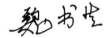

中国著名教育改革家
新中国首届"中国十大杰出青年"
全国劳动模范
全国优秀班主任

推荐序二

负责任的父母需要学些积极心理学

喜闻崔老师著书一册,非常欢喜地阅读了,作为两个孩子的妈妈,更加深刻地理解了教育孩子的不易!

我的大女儿也处在青春期,我发现"叛逆"不是孩子出现问题的信号,而是父母养育模式出现问题的信号,这代表着父母的养育模式没有伴随着孩子进入青春期进行相应的调整。崔京淑老师撰写的《解密青春期情绪》一书,可以帮助广大家长们通过大量的实践案例,掌握更加落地的方法和对策。

分享一下我的方式:

首先,我会与自己和解。接纳那些已经发生的、不能改变的事情以及因为这些事情所产生的所有情绪。我会积极参加有效的社交活动,比如,学习或者约一些同学朋友,通过提升自己,提升自信心,尽可能改变那些情绪对我的影响。

其次,我会慢慢为自己建立积极思维方式:面对问题时不逃避,积极处理;遇到与人相关的问题,积极换位思考。当然,这是一个长期训练的过程，可能一次两次还不能马上做到，但是经过长期训练，会让自己更加自信，更加积极地面对生活！

最后，每天改变一点点，积少成多，聚沙成塔，除了你自己，没有人会让你更幸福！

每一个家长都希望自己的孩子健康、聪明和快乐。但是在现实教养孩子的过程中，面对孩子一脸的懵懂无知，大人们往往表现更多的是失落、焦虑，甚至手足无措，他们反复说的一句话就是：遇到这种情况，我都不知道要怎么办了！

"积极心理学之父"马丁·塞利格曼在他的幸福经典五部曲之一《真实的幸福》一书中，提到关于培养孩子积极情绪的三个教养原则，可以带给我们一些启发和思考。

第一原则，积极情绪扩展并构建了孩子的智力、社会和身体资源，使他长大后有所依；

第二原则，鼓励孩子的积极情绪，使他早早启动向上的螺旋，以获得更多的积极情绪；

第三原则，对待孩子的积极情绪，要像对待消极情绪一样严肃，对待他的优势要像对待他的不足一样上心。

积极心理学让我学习了很多，最后也希望广大的家长读者能够通过这本书也学习一些积极心理学。

中国生命关怀协会生命教育公益基金
专业委员会主任

推荐序三

构建幸福家庭的父母必备指导手册

崔京淑老师是一位乐于助人的心理学专家。哪里有需要,她就愿意在哪里发光发热。在2020年初新冠肺炎疫情期间,我们心理健康专业委员会组织了全国的心理咨询师,为抗疫前线医护工作人员提供心理援助。作为专委会心理专家的崔老师非常负责任地承担了专家组组织协调工作,为其他心理咨询师传授经验,还运用积极心理学对前线医护人员进行辅导支持,对医护工作人员的情绪调控提供了非常实用的方法工具,反响非常好。

如今看到崔老师的新书,从字里行间仿佛又能感受到她那颗为了他人幸福毫无保留的赤子之心。

亲子问题是困扰当今父母的热点话题。如何面对青春期孩子的情绪躁动,更是让众多父母焦灼不已。

古人认为,"爱子,教之以义方","爱之不以道,适所以害之也"。

但许多家长并不理解自己的孩子,孩子出了状况只是急切地想找到答案,解决表面问题。《解密青春期情绪》这本书直面父母的困扰,利用心理学原理帮读者深入剖析了情绪背后的问题。这些可以说是父母了解孩子情绪根源的必备学识——如此,才能从源头上避免孩子出现各种状况。

好的学习，不是学会了解决问题，而是学会如何避免问题发生。

当下的孩子面对的成长环境已经变得更多元化，家庭成长背景也不同了（诸如一家一个孩子、离婚率高等），社会文化背景也不同（全球化信息爆炸，但文化缺失），这些对现代家长的考验也越来越大。

诸多家长苦于教子无方，更谈不上建立良好的家训。

爱子，几乎人同此心，却多有家长做不到"教之以义方"。

孩子是民族未来的希望，家长养育责任重大。

在为了生存挣扎的时代，父母能把孩子养活已经算是合格了；在为了发展奋斗的时代，父母能教孩子成才也算是合格了；在如今全球化信息化网络化的时代，父母除了要齐家有方，还须掌握必要的心理学技巧。然而心理学门派众多，理论不一，系统学习费时费力，现实情况下显然不能期望让家长成为心理学专家。

家长期待掌握的不仅仅是道理，还应有行之有效的操作方法。

我和崔老师是在学习的课程中相识的。她学了很多心理学课程，不断进行着自我思考与探索。如今，她把积极心理学与其他心理学系统地融汇在一起，结合青春期孩子和父母的咨询实例，在书中为家长提供了很多经过自身实践的练习技巧。

有本书在手，家长不需要再学习更多心理学知识，便能运用其中技巧，对孩子的情绪管理产生效果。

从这个角度说，本书是构建幸福家庭的父母必备指导手册。

刘海峰

中国生命关怀协会
心理健康专业委员会专家主任

前　言

引领孩子走向蓬勃人生

这本《解密青春期情绪》是写给青春期孩子及其父母的。我为什么选这个主题呢？因为这十几年间接触了太多青春期的孩子，他们陷入负面情绪中无力自拔：成长的迷茫、青春的悸动、学习的压力、人际关系的处理……诸如此类，不胜枚举，这让他们束手无策。父母到处寻找解决之法，希望孩子顺顺利利，少走弯路，却发现自己常常越俎代庖，不但没有帮到孩子，更令其叛逆，和孩子的关系愈发紧张，徒增焦虑。

在十几年间，我给青春期孩子做了无数的心理咨询和疗愈。如今我决定写下这本书，希望能够帮助父母了解孩子的正面情绪和负面情绪，并学会如何教养才能让孩子走出家门，顺利面对外面的世界和未知的挑战。

十几年间，我学习了许多流派的心理咨询疗愈方法。2017年我在清华大学学习了积极心理学，随着不断深入的学习，我转变了一些想法：探索一两个案例，是解决不了根本问题的。我一个人"浑身是铁也打不了几根钉"。只有不把目标局限在疾病和身心已出现状况的人身上，把更多的精力投放在正常人身上，寻找更多的优势和资源，利用本身的能力化解问题，才是解决大多数人心理问题的根本之道。

在这里，我给大家介绍一位标志性的人物，他叫马丁·塞利格曼，1998年当选美国心理学会主席。塞利格曼教授认为，我们不应该只聚焦在那些有问题的人身上，不是移除了痛苦、焦虑、抑郁和愤怒，就能让他们变得快乐。心理学真正要做的是如何帮助人变得更快乐。这是完全不同的概念，涉及许多技巧和方法。因为我们治疗一个人只能让他回到原点，但不能让他更幸福、更快乐。

过去六十年的心理学研究，主要是在帮助人诊断"你有什么病""你哪儿出问题了"，并取得了很多重大的成就。比如六十年前，没有任何一种心理疾病是可以被治疗的。而现在，至少有十四种心理疾病可以进行科学治疗，甚至有两种心理疾病可以被治愈。同时，心理学的知识领域也有了更大的拓展，以前一些模糊的心理概念被系统化构建，心理问题也可以进行分析和测量了。尽管如此，我们简单地看过去六十年的心理学研究成就，还只是帮助悲惨的人不再那么悲惨。

近年来，心理学的主流研究领域之一就是积极心理学。塞利格曼教授定义的积极心理学，是一项让人们的生活可以绽放、蓬勃发展的科学研究。

积极心理学在关注人们的心理"问题"时，把同等的注意力放在人们与生俱来的优势上；在忙着补救人们过去的创伤时，更重视如何发展他们身上的优势和品格；致力于帮助普通人活得充实，让他们发挥天分。

所以说，这是一门帮助人们活得更加快乐的学科。

如果问当父母的朋友："你认为你的孩子怎样才会更加快乐？"许多人会说："孩子成绩优异、身体健康，就会幸福快乐。""孩子将来有好的事业、美满的婚姻，就会更加快乐。"可能父母会说出很多答案，但是仔细研究后会发现：看似不同的答案，其实大同小异。所有的父母都希望孩子有健康的身体、美好的婚姻、良好的事业、真诚的朋友，也都是希望在孩子的生命里出现更多美好的事物。塞利格曼教授通过非常严谨的研究发现，一个人的生命想要真正地绽放，需要以下五个元素，即PERMA理论。

P即积极情绪，就是快乐情绪。我们把积极情绪分为十种，那就是爱、快乐、感激、宁静、兴趣、希望、得意、趣味、启发、崇敬。我们可以分别去培养自己的积极情绪。积极心理学认为，每天临睡前，只要回忆这一天中三个最值得感谢的人、事、物以及为什么感谢，并把感谢的情绪记录下来，持续一周后，就能改善自己的情绪，其效果能持续六个月之久。

E即心流。当我们忘我地做某些事情的时候，全然地投入与专注会让我们感觉时间过得飞快，沉浸在做快乐事情的状态中。这种状态叫心流，也叫福流。

R即积极关系，影响人一辈子快乐的最大因素不是钱，不是权，不是名利，而是是否与亲人朋友建立了深刻、真诚、亲密的关系，是否与他人培养了正面的沟通、理解以及相互关怀的良好互动。

M即意义。我们活着的意义是什么？工作的意义是什么？生儿育女的意义是什么？孝顺父母的意义又是什么？自己为什么要这样做？做这些事情时，价值观、人生观、使命感是否体现了？如果这些都存在于意义里，那活得就比较踏实了。

A即成就。每个人的生命都是有限的。有人一生当中会把重要的事集中在教育孩子上，有人集中在努力赚钱上，也有人集中在科学研究上。无论是否在这些方面取得很大的成就，它都是我们生命的一个指标。生活中，我们每天要面对各式各样的挑战，还要经营幸福的家庭、快乐的工作氛围。如果做得很好，内心的成就感、价值感和成功感就会让自己感觉非常开心、喜悦。

PERMA理论给我们提供了一个非常新的思维框架，让我们可以检视自己的生活。比如说，有些人可能有好的工作、家庭，也很有钱，但是他们不开心，总觉得生命中少了什么。那么这时候，我们就可以使用PERMA理论帮助自己分析：是在工作当中没有获得必要的成就感？还是在工作当中需要的不是成就感，而是与同事建立良好的关系？我们不需要五个元素面面俱到，重要的是在考虑这五个元素的时候，能否想出有哪些状态和情景是符合这些元素的。要是觉得自己特别缺乏某一个元素，就可以通过一些办法来加强它。

这五个元素环环相扣、相互影响。拥有积极情绪，就会改善自己的人际关系，提升工作表现；而当有了成就感，找到生命意义的时候，也会有比较多的机会培养积极情绪，让自己更好地投入工作，建立更好的关系。

我非常相信行动的力量。知识很重要，但更重要的是如何把它运用在自己的生活中，通过一些小小的行动慢慢积累，从而改变自己的命运。所有的知识和理论，最后一定要实践，实践才是检验真理的唯一标准。

不过也不要指望读了一本书，掌握了一些知识，生活立刻就会有本质性的改变。即便今天看了这本书，下决心改变，有时候我们仍然很难落实在行动上。因为在改变的路上，能够支持走向终点，达成圆满的最强大因素，是坚持！

如何坚持？如果每天都需要下很大的决心才能做一件事情的时候，是坚持不了多久的。只有自然而然地养成习惯，长此以往，才会发生本质性的改变。

在这本书里，我们会通过案例看到一些青春期孩子及其父母陷入的困境。书中有一些练习，涉及怎样搞好人际关系，如何培养好的习惯，怎样对抗负面情绪，十八岁需要体验和面对哪些人生挫折，怎样才能多学习一些积极心理学的方法，如何转化成一个可以抗压的人，如何进行自我成长，如何正面沟通，如何乐观看待事物发展，等等。此外，我还会谈谈：如何帮助孩子塑造幸福感、提升归属感，怎样批评孩子，如何感恩，如何增强我们的内在力量。

我由衷地希望越来越多的青春期孩子及其父母不再受情绪的困扰。尤其近年来，困扰孩子的抑郁、失眠、叛逆、自卑、情绪不稳定等问题发生的比例直线上升，已经刻不容缓地摆在父母、学校和社会教育工作者面前。孩子的心理问题也越来越受到关注，甚至上升到了与学业同等重要甚至更为重要的位置。虽然书中分享的案例有限，但天下的家庭相似的何其多。为了更好地保护案例中的孩子，书中的人名和地名我都做了匿名化处理。

最后，希望更多的孩子和父母能够通过本书得到一些好的启发，也希望我们每个人都能变得更好，走向正确的方向。祝福大家！

崔京淑

目 录

推荐序一
推荐序二
推荐序三
前　言

第一章 | 情绪与生活环境
合作与共情，有益亲子关系

案例分享 … 002
尊重与合作 … 004
四种养育模式 … 006
相互尊重是基础 … 008
放弃自我牺牲 … 010
疗愈父母的旧伤 … 012
共情的核心是回应 … 013
共情也需要自我倾听 … 015

第二章 | 情绪与心理成长
转化模式，洞见爱的渴望

案例分享 … 022
情绪和心理的相关性 … 025

孩子"完美"复制父母情绪　　... 028
父母情绪与孩子心理息息相关　　... 030
两种情绪模式：积极掌控 VS 消极受害　　... 031
掌控者与受害者的下一步　　... 036

第三章 | 情绪与内在需要
阅己与观人，提升社会智能

案例分享　　... 040
情绪和行为背后的需要　　... 043
区分需要和策略　　... 045
孩子需要倾听和理解　　... 048
引发愤怒的原因　　... 054
转化情绪的教育方法　　... 055

第四章 | 情绪与思维模式
用成长思维，转化固定思维

案例分享　　... 066
在成长中学习的必经之路　　... 069
失望情绪与应对方法　　... 071
没有失败，只有新状况　　... 072
应试教育与过度教养　　... 074
成长型思维 VS 固定型思维　　... 075
训练孩子的思维能力　　... 078

父母的榜样作用 ... 082
积极正面的心理暗示 ... 085

第五章 | 情绪与主观体验
重塑孩子性格，培养心理韧性

案例分享 ... 090
何为黑暗人格？ ... 092
愤怒情绪与被动攻击反应 ... 094
觉察并接受愤怒 ... 097
给予和接受礼物 ... 099
培养孩子的心理韧性 ... 103
技巧 1　分清情绪 ABC ... 106
技巧 2　跳出思维陷阱 ... 107
技巧 3　冰山探索 ... 110
技巧 4　信念挑战技巧 ... 113
技巧 5　检视未来 ... 115
技巧 6　冷静与聚焦 ... 116
技巧 7　实时抗逆 ... 116
做好孩子抗逆的后盾 ... 118

第六章 | 情绪与行为界限
分寸与界限，养育的智慧

案例分享 ... 126

过度教养是共性问题	... 128
过度教养导致心理问题	... 129
自己想办法解决	... 131
归还孩子失败权和犯错权	... 133
十八岁的挫折和技能清单	... 134
建构新的教育方法	... 138

第七章 | 情绪与自我迷失
勇敢与创造，培养出自信

案例分享	... 144
你在恐惧什么？	... 145
错误与自责	... 147
孩子可以自己说话	... 149
创造表达观点的机会	... 150
培养独立生活的技能	... 152
和孩子有效交流	... 155
帮助孩子建立自信	... 156
父母如何与孩子相处	... 158

第八章 | 情绪和情感认知
本能与尊重，重塑恋爱观

案例分享	... 164
童年创伤与负面认知	... 166

情绪贯穿在情感里	... 168
负面情绪对爱情的危害	... 170
试着改变负面情绪	... 172
论情绪情感三观	... 175
用"心"恋爱	... 183
爱情大学问	... 185

第九章 | 情绪与品格教育
幸福自我,成功的品质

案例分享	... 194
成就的定义	... 197
提高自我效能的意义	... 199
拥有坚毅品质的好处	... 200
如何培养坚毅品质?	... 202
优势品质教育	... 206
坚持练习非常重要	... 208
后记	... 210
感恩	... 212
参考文献	... 214

CHAPTER 1

> 掌握好责骂与训斥的方法与技巧,才能达到教育的目的与效果。不当的责罚,不知不觉会伤害孩子。
>
> ——唐·艾里姆

第一章

情绪与生活环境

合作与共情,有益亲子关系

案例分享

咨 询 人：清清母亲
求助原因：沟通问题

清清母亲：我女儿清清去英国留学已经三年了。这三年来，我越来越觉得和女儿的沟通出现了非常严重的问题，我在她的身上已经感受不到亲情了，感觉她没有一点感恩心。我觉得我就是她的提款机，什么时候缺钱了，她才想起我这个妈！给我来电话全是跟钱有关的事。今天看中了一个限量包，明天要经典大衣，如果我不同意，她立刻挂电话。不缺钱的时候，我打个电话她都烦得要命，通话不超过三句就会大吵一顿。我也不知道我和她之间到底发生了什么，只是我感觉女儿离我越来越远了。有时候我也试着用经济制裁她，不给她打钱。可是我很快就会败下阵来，主动把钱打到她的卡里，还要多打点。这样她还能给我回个电话。我都不知道我这个妈妈怎么当得这么失败！她还有一年就要毕业了，而且她决定要留在国外，不回国了。我想在她毕业前尽快和她修复好关系，否则她毕业以后，我们可能连见面的机会都没有了。老师帮帮我，我和女儿的关系怎么才能恢复正常？

咨 询 师：在孩子成长过程中发生过什么重大事件吗？

清清母亲：没有。

咨 询 师：您说不超过三句话你们就会吵架，第三句说了什么？

清清母亲：一问她学习情况，我们就会吵。

咨 询 师：你们家里谁说了算？

清清母亲：我！家里的钱都是我赚的，当然我说了算！

咨 询 师：您和孩子她爸的关系如何？

清清母亲：就差离婚这一步了！分房住了九年，一说话就吵架！

咨 询 师：孩子向着谁？

清清母亲：向着她爸！觉得我总是欺负她爸。

咨 询 师：这两年孩子如何看待你们的关系？

清清母亲：她说她也不管了，都活好自己得了！所以，现在我们三个人都各活各的。

咨 询 师：这是您想要的结果吗？

清清母亲：当然不是！

咨 询 师：那您想要什么？

清清母亲：我想要孩子听话！老公就那样吧，不奢望了，但是失去了孩子的爱，我就完了……

（孩子是家庭的一面镜子，照射出父母的状态：夫妻关系已经失衡，孩子介入了父母的冲突。孩子的问题就是家庭的问题，孩子的情绪就是这个家庭共有的情绪……疗愈孩子，必先从父母开始。）

问题成因
- 清清的母亲用钱控制孩子和家庭。
- 有条件的爱导致了孩子和母亲的冲突。

咨询结果
经过三个月的时间，通过分层次和清清、母亲及父亲的沟通，一家三口和好如初。夫妻携手环游世界，女儿还当了向导和翻译，三个人终于各自回到了自己的位置上，这在心理学上叫"归位"。清清母亲连续参加了我们的亲子工作坊和学习班，从根本上改变了自己唯我独尊的做派，不再意图掌控所有，学会了对家人的尊重、合适的表达和正确的爱的方式。一个家庭中必有一个人先改变自己，才会带动其他人改变，继而可能改变整个家庭甚至改变整个家族。

尊重与合作

我曾经看过一个研究报告，调查家长最想从孩子那里得到什么。经过几千份答案汇总后，分数最高的有两项：第一，尊重；第二，合作。

也许你就有过这样的体会：在无数次和孩子争执的过程中，精疲力竭、愤怒、伤心的你，时不时从心里有一个声音冒出来，"我实在需要从孩子那里得到最起码的尊重与合作"。也许你就是无数个困惑父母中的一员，然而你并不明白到底是什么阻碍了你从孩子那里获得你想要的尊重与合作。你所做的一切，不都是为了孩子吗？得到他们的尊重与合作难道不是天经地义的吗？其实，尊重与合作虽然很简单，但是它们是父母的基本需要，而不是孩子的。

若想创造一些能够真正得到尊重与合作的条件，也许需要付出比想象中更多的用心和努力。如果能做到以下几点，就可以营造相互尊重和合作的氛围。

1. 身教永远胜于言传
2. 跟孩子合作，而不是让孩子和自己合作
3. 珍惜自己和孩子的共同需要
4. 时刻检视自己对孩子的评判、贴标签和指责行为
5. 对孩子进行积极养育

虽然很多父母都在谈论和孩子的合作，但我发现现实中存在很多操作上的困难。如果问他们：你需要怎样的尊重与合作呢？许多父母会非常困惑，因为他们发现自己的标准经常变化，这次提的要求和之前提的不太一

样，标准经常不同，所以会招致孩子的各种反抗。他们既没有向孩子表示出尊重，也没有表现出要合作的诚意。

合作必须是双向的。但是父母经常向孩子行使父母的权利，也就是要求孩子去做父母想让孩子做的事，而没有想过要跟孩子合作。如果孩子不肯满足父母的期待，父母就会认为是孩子不合作，随即责骂、批评、指责，甚至产生争论和战斗，而事后的补救无外乎妥协、协商及讨价还价。这样的做法其实很少能够真正满足父母和孩子的需求。

合作意味着什么？如果父母只是行使权利，单方面做决定，忽略孩子的想法、感受以及其他可能的需要，也许就失去了孩子的尊重和好感。孩子虽然嘟嘟囔囔地做着你要求的事，可是内心的反抗就是对你单方面决定的一个自然反应，因为你的决定没有征得他的同意。

合作的"合"是伙伴，"作"是一起做事。合作，就是父母和孩子一起做事，真正的合作不是强制性的。如果你没有和孩子一起制订和他们有关的规则，一起为解决问题寻找方案，那么你肯定就要面对抗拒、争吵、伤害、意志较量和奖惩依赖等后果。

人和人的关系有一个基本的法则，即在家庭的运作中如果没有合作，就一定会招致抗拒，抗拒则会导致惩罚或奖励、胁迫或顺从，进而引发更大的抗拒，一直循环反复。

所以在很多家庭里，父母不遵从合作理念带来的后果就是，你的孩子不跟你合作。不知道你小时候有没有这样的经历：本来和同学约好周末出去玩，结果父母突然要求你利用休息日进行大扫除，还让你洗衣服、收拾屋子，最悲催的是还要擦玻璃。那个时候，你的内心是不是充满敌意和抗拒呢？虽然擦了玻璃，打扫了卫生，但不是心甘情愿去完成的，所做的一切都是源于对父母权威的恐惧和害怕，以及可能带来的惩罚。如果父母提前跟孩子说"周末要大扫除，你要提前准备，不要安排别的事情了"，也许孩子就会有不一样的情绪。但是，又有多少父母会这样做呢？

— 家长大课堂练习 —
合作才能共赢

请父母回答以下问题：

你和孩子在日常生活中，有没有谈过合作？怎么合作的？通常会引发你和孩子之间什么样的后果？试着写出你和孩子的一次合作经历。

思考： 怎样才能和孩子更好地合作呢？
提示： 真实地和孩子沟通没合作成功的原因，不要责怪他人。

家庭是人们彼此相连的生命网络核心。父母的所作所为不仅会对孩子产生影响，也会对所有出现在孩子生命里的其他人产生影响。你无法选择是否去影响那张彼此相依的生命网络，但可以选择如何去影响。

父母和孩子一起合作，就是选择积极影响生命网络的唯一途径。想一想，你和孩子互动的每个时刻，是在运用父母权力掌控孩子，还是在和孩子合作呢？

四种养育模式

也许你非常熟悉这四种养育模式，其中的一种可能就是在你的家庭中占据主导位置的模式。这四种类型的养育模式，一方面描述了父母要求孩子的程度，另一方面说明了父母回应孩子的程度。

专制型

对孩子要求高，回应迟缓。这类父母很严格，期望孩子尊重并服从他们。如果孩子不听话，就予以惩罚。他们不解释自己的行为和理由，只会说："这是我的要求，你必须这么做。"他们重视成就、秩序、纪律和自制力，他们的孩子在家里要承担很多责任，在外面也没有什么自由。这种养育模式在二十世纪六七十年代尤为常见。现在，这种养育模式多数存在于社会较低阶层和一些专断独行的家庭里。

放纵型

对孩子没有要求，有求必应。这类家长顾及孩子的每一个需求，顺应孩子的每一个请求，他们不愿意制定规则，也不提出希望，因此家中没有规矩或者基本要求。他们会提醒，会唠叨，但很少落在实处，都是口头威胁。他们经常妥协，不会说"不"，经常说要惩罚，可是并不真正实施；他们觉得孩子不会犯错误，只是有些不集中注意力的小失误。这类家长希望得到孩子的欢心，表现得更像孩子的朋友而不是父母。有些父母表面上随时都在孩子身边，但其实他们并没有参与到孩子实际要做的事情中。放纵型父母往往比其他类型的父母富裕，提供给孩子的生活条件更好。

忽视型

对孩子不要求，不回应。这类父母经常对孩子放手不管，最坏的程度可能是到孩子触犯法律时才如梦方醒。父母玩忽职守，不参与孩子的学校生活和家庭生活，和孩子在情感交流方面非常寡淡，甚至许多时候不见踪影，在提供食宿等基本生活保障方面也靠不住。在这种养育模式下的父母，可能是因为生活贫困所以对孩子疏忽，或者是因为抑郁或焦虑等精神健康问题对孩子无暇顾及，又或者是工作太过忙碌导致对孩子教养缺失。

权威型

对孩子有要求，有回应。这类父母对孩子寄予很高的期望，他们对孩子高标准严要求，并坚持目标的达成。同时他们也非常有爱，积极回应孩子的情感需求，为了实现学习的目的，跟孩子讲道理进行平等沟通，给孩子充足的自由去探索、去尝试失败，并让他们做出自己的选择。

专制型的父母，他们严格控制着孩子的学习、课外活动和家庭生活的方向，在孩子内心植入失败的恐惧感，不考虑孩子的兴趣，显得很专制。如果他们能更重视取悦孩子、赞美孩子，保护孩子不受到失败或伤害带来的心理落差，并捍卫他们的尊严，可能会转换成权威型父母。权威型父母听起来像是专制型和放纵型的结合，实际也确实如此。与专制型父母一样，权威型父母会制定执行规则，但不同的是，权威型父母会解释规则背后的原因，把孩子视为独立的、理性的个体，对孩子满怀情感，能给予温暖。权威型父母与放纵型父母的共同特点是，他们都参与孩子的生活，回应孩子的需要，但不同的是，孩子如果犯了错，权威型父母会予以追究，同时会兼顾温暖与严格，平衡与尊重，所以，权威型父母处于专制型和放纵型父母之间的点位。

阿曼达·里普利在《世界上最聪明的孩子》一书中谈到教养的作用，他认为放纵型父母养育的孩子娇生惯养，无忧无虑，好像生活在月亮上面一样，不接地气。而权威型父母的养育模式是最好的，兼具严格和温暖，这样的家长能得到孩子的信任和尊重。权威型父母的孩子大部分学业成就较高，有抑郁症状的较少，也较少会出现攻击性、反抗问题和其他反社会行为。

相互尊重是基础

父母决定和孩子真诚合作，就要从相互尊重开始。

父母想从孩子那里得到更多的尊重，就会不断地提要求。那么，父母是想让孩子更愿意听你的话，跟你学更多的东西，还是想让他更多地从你的立场和需要来理解你？是想让孩子理解认同你的观点，相互之间少一些争执，还是想让孩子按照你说的做，不要问为什么？

"尊重"可以从多个角度来理解，我们发现"请求尊重"和"得到尊重"是非常不容易的。"尊重"一词里包含了所有的想法、感觉和需要。所以，尊重他人，需要去观察他们正在经历的一切，尤其是带着尊重去理解他们当下的感受和需要。每一对父母都可以选择自己的关注点，是选择从自己的视角、愿望、评判角度去看孩子的行为，还是选择从孩子的视角，带着尊重去体会他们的感觉和需要。

— 家长大课堂练习 —

你盯着孩子的哪里？

请家长回答：

1. 当你发现孩子在学习或生活习惯上的问题时，是怎么说孩子的？
   你是否会说："你怎么又是这么不小心！"
   你是否会说："我还以为你长大了呢！"

2. 请回忆自己在某个时刻，盯着孩子行为中的错处时，经常说的是哪一句话？
   您是否会说："你怎么总是犯这种低级错误！"
   你是否会说："你的表现太差劲了，怎么每次都这样！"

思考： 你是否使用嘲讽、指责、不屑、贴标签的语言。
提示： 使用这样的语言沟通的结果是否违背了你的初衷。

当父母对孩子的未来感到担心时，可能会对孩子说："如果你再这样下去就会考不上大学"或者"你这个样子，谁愿意和你成为朋友"。父母往往想通过关注孩子的问题或者行为中的瑕疵来教育他们，认为批评或者惩罚孩子是激励他们改变自己行为的方式。

你觉得父母这么说有用吗？或许这些在你看来无理的行为，不过是孩子为了满足自己的需要，他需要的可能只是关注、肯定、赞美或者选择权而已。当你发现孩子只是为了满足自己的需要而采取父母不喜欢的方式时，就有了你和孩子合作的一个契机。

放弃自我牺牲

事实上，父母虽然拥有父母的身份，同时也在继续着自己的成长之路，一边要学习如何跟孩子相处，一边又要学习如何与他人合作。在这个过程中，父母的生活经验以及思考能力、解决问题的能力会显得捉襟见肘。育儿之路的崎岖是所有父母没有想到的，孩子越大，路越难走。在某一个时刻，父母也许会突然体会到绝望的滋味。

有一位孩子的父亲说，做父母要面对一个事实，那就是足足牺牲自己十八年的需要。这位父亲的话听起来很严峻，似乎不容置疑。但我为他和他的孩子感到难过，如果用牺牲自我的方式来养育孩子的话，孩子无法快乐，而父亲自己也很痛苦。

作为父母，一定要先照顾好自己，这样才能照顾好孩子。正如坐飞机时，机组人员在安全讲解时会告诉我们：如果遇到危急情况，先要给自己戴上氧气面罩，再去照顾身边的孩子。同样的，在生活中我们也要先满足自己的需要，再去照顾孩子。

大多数父母在满足自己的需要方面，做得都不太好。因为多数父母把孩子放在第一位，很多人甚至不知道自己需要什么。

追本溯源，或许我们就是这样被父母养育长大的。我们的父母、老师以及单位领导，制定了很多的条条框框，要求我们放弃自己的内心需要来迎合外部的标准和期待，有时甚至要求我们放弃个人需要，顾全大局。这是一个普遍现象，因为老师、父母都会培养孩子的服从性和一致性，所以，我们要重新学习如何面对自己内在的活力、自由和激情，并且有效地与外部的标准和期待相融合，将个人和集体的意愿进行和谐统一。

了解自己的"需要"，重新连接自己的"感受"和"需要"，这会让我们体会到一种全新的生命力和活力。

当父母每天得不到足够的休息、无法按时吃饭、没有时间放松的时候，就很难热情地回应孩子。父母自己的"需要"如果长期得不到满足，就会变得易怒，比较容易挑剔、喊叫、苛责、威胁、惩罚等。当孩子意识到父母照顾他们要付出代价时，也许会对接受的照顾感到内疚，但他们不会意识到父母到底需要什么，也不可能给予父母满足。长此以往，父母给予孩子快乐的能力和孩子给予父母快乐的能力就会大打折扣。

孩子天生具有同情心。他们愿意也需要自己成为一个给予者，愿意给父母关爱和支持，当然孩子满足父母"需要"的能力是有限的，你也不要期待过头。

因此，父母要学习新习惯——好好照顾自己。在危机来临之前，把自我牺牲的习惯去掉，培养自我接纳、自我尊重的新习惯。例如："我"需要休息，"我"需要陪伴，"我"需要锻炼身体，"我"需要倾听自己的内在声音，"我"需要支持，"我"需要一些健康的食物，"我"需要有更大的创造力和活力，"我"需要学习和成长。这是跳出"对孩子必须付出和牺牲模式"的关键。

疗愈父母的旧伤

当你的孩子在车里不肯系上安全带时，你是不是生硬地把他按在那里，然后把安全带猛地扣好，用命令的语气说："照我说的做！立刻！马上！"当你的孩子一边吃饭一边玩儿的时候，你是不是会生气地喊："不想吃就别吃了！"

你有没有感觉你的身体在微微发抖，心里有几分内疚和震惊，甚至感到很沮丧。心里还在想刚才那个声音从哪来的？像谁呢？不多久你就会忽然意识到，那个声音竟和自己爸爸妈妈的声音一模一样。你是不是从没想过有一天自己也会这样说话？

哈佛大学心理学博士丹尼尔·戈尔曼认为，情绪绑架就是在你的成长经历里有过这样的体会，如果你控制不了你的情绪，就会反过来被情绪控制。因为在那个时刻，你的大脑皮层也就是大脑中负责逻辑推理的那部分自然关闭，被分管生存的原始脑开始接管。当这样的情形发生时，你有三个选择：迎战，逃走，或停止。这时，父母就很容易把孩子看作是一个问题，或者说你的大脑已经超越了思考，只能根据看到的状况做出本能的反应。当孩子按下你本能反应的按钮，你的自动触发器就会报警，就像仪表台上的红灯开始闪烁。在激烈的自动反应过程中，你已经无法进行清晰而理性的思考，只能简单地留意那些信号，试图让它们告诉自己这是怎么了。

案例中，清清母亲在怀孕的时候失去了自己的母亲，这份伤痛在她的心里埋藏得很深，长时间走不出悲伤的情绪。她的大姨又是精神病患者，总是被人欺负。所以，她好打抱不平，容易情绪激动，看事情很偏激，特别怕失去至亲，而且控制欲比较重，她以为自己掌控了一切，其实她早就被自己的情绪绑架了，不但没有帮助到家族的其他人，就连老公和孩子都跟着失控了。

当你未被满足的"需要"在呼唤自己的注意，或者来自过去的痛苦被重新激发出来时，无论哪种情况都要在采取行动前暂停，然后让自己放松下来。

如果是来自过去的痛苦和创伤，就要尽快采取措施寻求帮助。疗愈来自过去的痛苦需要一些时间，可以请求朋友、咨询师或医生的帮忙。咨询师常说：谁痛苦，谁先改变！永远不要想着改变别人，别人是需要被影响的。如果作为父母，你愿意开始走这一段旅程，你会欣喜地发现：有一个崭新的、令人兴奋的过程和经历在等着你，你会带着更多的谅解与和谐回到家中。

如果是比较轻微的情绪创伤问题，那么我希望你可以按时吃饭，保证足够的休息时间，然后安排一些适当的娱乐活动，每天坚持听一些轻松的疗愈音乐，看一些书，有意识地去回答书里的一些问题，让自己提高觉察力。

为了自己和孩子的幸福，你可以变成一个充满生机和活力的人！

共情的核心是回应

本章案例中，清清的父母没有共情的能力，只会怨怼对方，让孩子无所适从。但是清清还是希望能帮助父母，所以她用自己的方式试图让妈妈反省，其外在的表现是买东西，而其内在的想法却是意图用钱来填补自己内心"爱的空洞"。

共情能够让我们准确地理解父母与孩子所处的环境和情感关系。当我们生活在共情中，我们就可以设身处地地对待另一个人，了解他过去的经历，用他的眼睛来看周围的世界，感受他的情感，想象他的想法。共情还有助于我们处理各种冲突，包括亲子冲突、夫妻冲突、邻里冲突等，因为共情能够扩大我们的感知能力，让我们能够真正地理解我们遇见的另一个人是怎样想的。

然而，共情能力不是那么容易掌握的。事实上，共情虽然是人类与生俱来的一种天分，但是要真正掌握共情能力，需要精心的培养和有意识的持续关注。掌握共情能力的关键就是学会倾听。

家庭中，父母对孩子的回应基本可以分为两类。

一个是倾听式回应

家庭中，孩子渴望被倾听，渴望父母给予他们倾听式回应，即专注于他们的感受和需要的倾听，没有判断、分析、建议或者任何想要修复亲子关系的动机。父母如果能够全身心地倾听孩子，就能够听到他们的感受和需要。

父母给孩子倾听式回应，重点不在言辞，事实上这种回应常常是无声而温暖的。

如果需要用语言来表达的话，一定要试着用猜测而不是陈述的口吻来表达对孩子的感受和需要的理解或猜测，以此显示出对孩子的尊重，因为父母无法完全清晰地体会孩子的感受和需要，不先入为主，客观理性很重要。带着尊重的猜测应该这么说：

- 你觉得很沮丧吗？
- 这件事让你很伤心吗？
- 你感到很担心，是因为想要确认你是安全的吗？

猜得对与不对并不重要，重要的是你真心实意地对孩子发生的一切感兴趣。花一点时间暂时把自己的事放到一边，全然地跟孩子以及和他所发生的一切待在一起,这是非常好的礼物,毫无疑问也是一条通向与孩子连接的路。

一个是非倾听式回应

非倾听式回应,就是没有用尊重的心态去理解对方正在经历的事情,没有全身心地去体验那份内在的感受和需要,不自觉地想要给出建议,进行说教和安慰,并添加自己的判断、观点,渲染恐惧情绪。

如果你想跟孩子建立连接,下面的说法很难达成你的目的:

- 我认为你应该这么干。
- 这太糟糕了,他没有权利对你做这样的事,一切都会变好的。
- 这真的没有那么费劲,你可以从中学习。
- 我没想这么做,可是没办法,谁让你这么不小心。
- 能帮到你的是什么?
- 你感觉如何?
- 你什么时候开始有这样的感受的?
- 你应该听听我的经验,别担心,马上就要结束了。
- 你太可怜了!

非倾听式回应虽然不能说绝对不好,但是人们在痛苦的时候,首先需要的是有人能全身心地倾听他们。所以,倾听是共情的重要一步。

共情也需要自我倾听

你可以倾听他人,也需要倾听自己。很多情况下,为了能够全身心地倾听别人，首先需要倾听自己。

当你感到痛苦的时候（比如难过、受伤、担心或者生气时），如果能够停下来倾听自己的感受和需要，通常就可以满足自己对安慰、理解和倾听的需要。当你感到困惑的时候，倾听自己的想法和内在的对话，会让你的思绪更加清晰。当你感到愉悦的时候（比如快乐、激动、高兴和满意的时候），自我倾听可以让你在私下里确认和庆祝那些被满足的需要。无论何时，当你能够确认自己的需要得到了满足，就是在建立自信心，相信自己有能力在未来可以满足自己的需要。

例如，当我想起今天自己用了非常大的嗓门跟孩子讲话的时候，就觉得很伤心和沮丧，因为我没有跟他建立我想要的连接，也没有满足我对于尊重的需要。当我看到，既要专注工作又要照顾家庭，对我来说是多么困难的时候，就感到担心和忧虑。因为我需要保持健康，随时应对那些要紧的事情；我有被理解的需要，我有给孩子安全感的需要，我有和孩子开心相处的需要，我有时刻保持自己精神饱满以应对那些突如其来的事情的需要。

现代社会压力无所不在，人们的生活变得越来越忙碌，睡得越来越少，吃得越来越随意，内心遭受越来越多的痛苦。我们要学习如何将节奏变得慢一点，这样我们才能有充分的时间来进行清晰的思考，并对某种情况做出合理的反应。

通常我们需要从别人身上得到帮助，才能够使自己的节奏变慢或者平静下来，比如我们会跟好朋友、亲近的人去倾诉，然后我们的压力就会减轻。但是，共情促进的互相理解和积极正向的神经化学物质，只有在相互信任并且安全的环境下才能产生，如果有一个人感觉自己被忽略或者被伤害，那些因素就会消失。因此，我们要学会自我倾听，只有学会倾听自己的内在声音，才能共情地倾听他人的心声。

父母们可以用下面的方法来尝试自我倾听,即学会对自己说出"我"的观察、感受、需要、请求等。比如:

- 描述"我"看到自己在对孩子大吼大叫的时候……
- 诉说"我"感到自己很挫败的时刻……
- 表达"我"需要孩子听话,和"我"达成共识,明白"我"的想法……
- 决定"我"要用什么来满足需要,去和孩子谈一谈,进行和解……

想要和孩子保持亲密关系,就要持续学习,你永远不要期待短期内就会有一个非常完美的呈现,事实上任何要做完美父母或好父母的念头,都会给你增加额外的难度。

如果你能以认真而恭敬的态度,把养儿育女的实践看成是在学习一种体育技能或者是练习一首钢琴曲,就会避免很多因为自我苛责和自我批评而带来的巨大差异。你会把你的全副身心和能量聚集在一起,做好当下的工作,好好照顾自己的需要和孩子的需要。

即使你的目标是用尊重的方式跟孩子连接,但你有一些旧有的、习惯性的倾听和谈话的方式,依然可能会阻碍你和孩子之间的关系,所以一定要避开。

比如,"但是"这个词,它会持续影响孩子对你的回应,因为"但是"后面才是你真正想要说的话,前面话都是铺垫。所以试着想想,如果你是孩子,听到这样的一番话:"你今天表现不错,但是……""妈妈同意你说的,但是……"孩子非常明白你接下来要说的是"你应该做些不一样的事",这是孩子所能注意到的唯一的部分。所以那个"但是"就像一个橡皮擦,把你前半部分所说的话通通抹掉了。

还有一个词是"应该"。"应该"一词是在告诉孩子:你对他"应该"成什么样子是抱有期待和理想的。父母抱着自己的期待和想象，可能会忽略部分孩子试图表达的想法。如此一来，他们内心深处想要的需要、期望、接纳和安全感，就没办法得到满足。父母的要求能最快地触发孩子的苦恼。"我决定的就是对的！就是最好的！""不需要你说你的想法和感觉，给我立刻去做。"当孩子听到这样的命令或要求时，恐惧和焦虑感会激发大脑试图逃跑或战斗的本能，这样的状态会使孩子表现出抵抗，或者置之不理、消极应对，甚至愤怒斗争。

当父母认为自己是正确的，"应该"思维就会造成父母的愤怒，从而引发负面情绪和感觉。当父母听到和看到的与内心的"应该"无法匹配时，理想和现实的距离会触发父母的负面情绪，于是开始抨击孩子，具体表现为指责、批评和羞辱，也有可能会把指责、批评、羞辱指向自己，从而导致压抑的情绪。

所以，请父母放下"应该"思维，否则会造成亲子关系的愤怒冲突和攻击，也会造成夫妻和外界人际关系的不和谐。

《非暴力沟通》的作者马歇尔·卢森堡博士鼓励大家养成一种经常性自我审视的习惯，看看自己身上正在发生的一切，关注自己持续变化的感受和需要。当人们能够这样做的时候，就是在满足自我连接和自我尊重的需要，就会感到更有活力，更活在当下，你会发现自己更多地处于富有成效、精力充沛并且心满意足的状态之中。

— 家长大课堂练习 —
自我审视

  每晚临睡前,回想今天自己处理的事情和自己说过的话,如果有后悔的部分,就试着倾听自己此刻的内在声音,体会持续变化的感受,思考自己要达成某件事背后的需要是什么;回想这一段时间是否身心疲惫,或有没有说过让自己后悔的话或做过让自己后悔的事,并把它记录下来。

思考: 写的过程中,如果迷茫,可以停笔做几次深呼吸,让自己静下来,试着找出你内心真正的需要。

提示: 只有给自己独处的空间,让自己思考,静静地倾听自己的内在声音,才能真正知道自己需要什么。

CHAPTER 2

对双亲来说，家庭教育首先是自我教育。

——克鲁普斯卡娅

第二章

情绪与心理成长

转化模式,洞见爱的渴望

案例分享

咨 询 人：娜娜，22 岁
求助原因：感觉不到快乐

娜　娜：老师，我总是快乐不起来，我怎么样才能快乐呢？出国留学原本是我学生时代的梦想！所以从小就拼命地学习，就是想要去留学。当我以优异的成绩考上大学，到了澳大利亚，可是我又不快乐了！我发现，考上澳大利亚最好的学府又能怎样？它没有给我带来快乐，即使有快乐，也是短暂的。我在这里，日复一日地学习，情绪越来越低落，就在学校找了心理医生，想让她帮助我快乐开心起来。接受辅导三个月，没有任何效果。现在，我有些自残的行为，医生说我得了抑郁症，我没有办法挣脱出来，每一天就像生活在地狱里。

（咨询师看到她手臂有伤痕，脸上有红肿。）

可是所有人看着我，都觉得我过得非常好。我有一对恩爱的父母，他们很爱我，照顾我的生活，给我付学费。我还有很爱我的男朋友。学校那里也有父母的朋友照顾我，学校的功课也不紧，我的学习也很好，也有要好的同学。可是我不快乐，我该怎么办？

咨询师：发生过什么伤心的事？

娜　娜：一年前，和我一起长大的小姨突然过世了！我知道了这个消息，很难过。几乎两三天没有睡着觉，一直在回忆我们在一起时的快乐时光。越回忆越难过，早晨起来，眼睛经常都是肿的。

后来实在受不了了，我就回国悼念，可是回来以后才发现，她确实再也回不来了。回校以后，我的心情更沉重，没有办法处理任何事情。现在我的每一天是：白天强颜欢笑，跟同学们说说笑笑，可到了晚上，一夜一夜睡不着觉，失眠很严重。我知道时间久了会出现更严重的问题，所以我想向你求救。

咨询师：小时候，你最希望得到谁的认可呢？

娜　娜：爸爸。

咨询师：你希望他怎么认可你呢？

娜　娜：我希望他看到我的努力，经常表扬我，赞美我，而不是只关注我哥哥。他应该看到家里还有一个孩子，就是我这个女儿！

（说到这里，她的眼泪开始流下来。）

我一直在努力，在好好表现，我比任何孩子都乖。我只是希望他们能多关注我一点点，可是他们真的很忙，除了忙，他们的眼里就只能看到哥哥。

咨询师：你可以描述一下你的哥哥吗？

娜　娜：哥哥从小叛逆，捣乱，打架，不听话，老师总是找家长告状。所以，爸爸把更多的精力放在哥哥身上。

（咨询师了解到，其实娜娜的父母非常爱她，只是缺乏了解，也欠缺认可的表达。娜娜内心认为，最重要的是价值的肯定。她知道父母是爱她的，可是没有像关注哥哥一样关注她，她很嫉妒。所以哥哥不学习，她一定要好好学习，就是和他不一样。当她终于用最优异的成绩站到了自己学生生涯的最高峰，考取了一所好大学的时候，父母也是非常骄傲的。可是因为内心长期的匮乏，所以她开始对自己的努力成果持否定和怀疑态度。）

娜　娜：我经常对我做的事持否定态度，对自己说："没用，没意思，活着都没劲。"

我也经常对我做的事持怀疑态度，会问自己："有用吗？行吗？真的吗？"

咨询师：哥哥和你是同父同母吗？

娜　娜：哥哥是爸爸和另一个阿姨生的孩子。

咨询师：明白了。

（哥哥用他的叛逆和捣乱证明自己的存在，试图想要恢复到以前的家庭秩序。）

娜　娜：后来，我长大了才明白他为什么这么敌视妈妈和我。

（咨询师向娜娜父母了解情况，父母介绍说：娜娜从小就不用父母操心，非常乖，认真学习，一直就是个努力的好孩子。所以他们把精力都投给了那个叛逆淘气的哥哥。父母非常不理解，不知道娜娜到底怎么了？大学上得好好的，长得又漂亮，男朋友也有了，家庭条件也好，为什么会出现这样的状况？作为后妈生下的妹妹，渴望得到哥哥的爱和关注，但是却被哥哥排斥和厌恶。作为女儿的她更渴望得到爸爸的认可，而爸爸因为对儿子心存愧疚，所以绝大部分的注意力放在了儿子身上。内在匮乏的女儿为了归属感想要帮助家里，所以越发压抑自己，成为父母眼中不需要操心的乖孩子。常年的压抑引发了焦虑、烦躁，又转化出愤怒情绪，长大后开始出现了一些心理状况，慢慢变成了抑郁。）

问题成因

- 娜娜的爸爸为了弥补自己对儿子的愧疚，把全部的注意力放在儿子身上，忽略了女儿的感受；娜娜的妈妈为了当好后妈，也把注意力放在继子身上，忽略了女儿的内在需求，以为女儿会理解妈妈，却忘记了女儿也是孩子，也需要关注。
- 娜娜内心深处渴望父母的深度关注，所以做了乖乖女，誓要和哥哥不同，却发现乖乖女的形象反倒成了她的枷锁。她不敢表达自己真实的想法和嫉妒，内心各种情绪交织和冲击，不断积累，到她不负重荷时，开始爆发了。
- 娜娜对家庭有强烈的归属感，非常渴望得到爸爸妈妈和哥哥的认可，潜意识中还想帮助妈妈得到爸爸家族的认可，所以她尽自己所能拼命地努力，直到感到无能为力……

咨询结果

经过两个疗程二十四次的疗愈咨询（通过面对面、远程视频、疗愈与咨询相结合等方式），娜娜逐渐走出了抑郁：
- 从心底接受了父母和哥哥的娜娜，开始学习以成年人的角度看待自己和父母。
- 娜娜终于从自怨自艾里走出来，开始在国外工作了。
- 和男友相处融洽，准备结婚了。与父母的关系也很亲密，情绪很稳定。

情绪和心理的相关性

情绪分类有很多种，最常见的分类是分为积极情绪和消极情绪，积极情绪会带来愉悦的体验，消极情绪则带来不愉快的体验。

我们喜欢积极情绪，是因为积极情绪会给我们带来愉悦的积极体验，比如喜悦、自豪、感恩。我们不喜欢消极情绪，是因为消极情绪会带给我们不愉快的消极体验，例如愤怒、焦虑、抑郁。情绪没有好坏之分，不管是积极情绪还是消极情绪，都有它们各自的功能和进化适应的意义。

心理学家对情绪有很多好奇的问题。

人为什么会有情绪？情绪有什么用？

我们从小动物说起。你养过小狗吗？小狗快乐的时候很明显，跑来跑去，转来转去，尾巴摇来摇去，甚至还会情不自禁地扑到你身上，舔舔你的脸。它悲伤的时候也很明显，看起来可怜巴巴的样子。抖音上有一只小狗叫波波乐，当主人批评它的时候，眼泪真的"吧嗒吧嗒"掉下来；让它表演时，它会转着圈地咬自己的小尾巴，还会学男主人喝醉的动作，真是太可爱了。动物有情绪，不过不像人的情绪那么多。进化心理学家运用进化论来理解人类的心理，认为情绪其实是人从动物一步步进化来的功能。低等动物只有最基本的生存反应，碰到危险就逃，见到食物就吃，当动物变得越来越复杂，这些反应也就变得越来越复杂了。

会表达情绪对人来说非常重要。著名儿童心理学家皮亚杰指出：儿童心理发展的过程就是儿童认知结构在成熟环境和自身建构的相互作用下产生量与质的变化的过程，并表现出一定的阶段性和规律性。比如刚出生的宝宝，表情特别丰富，虽然眼睛看不见，可是喜怒哀乐都在脸上。他张大嘴巴一哭，妈妈就会赶快过来，听着哭声判断宝宝可能是饿了需要喂奶，不然就是累了想睡觉需要抱抱，再或者是尿布不舒服了需要更换。当宝宝吃饱了睡好了，妈妈抱着他一切都好的时候，他会给出一个大大的笑容。婴儿饿了会哭，不舒服也会哭，表现得非常明显，这就是人的本能，生下来就会，也是让我们人类生存下去的基本。试想，如果一个婴儿不会哭不会闹，不舒服的时候也不会表达，会不会很危险呢？

人类不但有情绪，这些情绪还会形成表情，而表情就是给别人看的。你可以想象一下不同的表情，试着观察一下有什么特性。

人类对情绪的使用有内外之分。对内来说，情绪让我们知道如何对事情做出反应，判断自己喜欢或者不喜欢做某些事。对外来说，情绪的功能是为了让别人知道该如何和我们相处，例如，见到我们愤怒的表情就要离我们远一点，见到笑容就可以近一点。

人的情绪需要控制吗？什么时候需要控制自己的情绪？

这个答案比较复杂，首先需要了解什么时候要控制自己的情绪。

有些人很难控制自己的愤怒，只要有人激怒他，他就容易失控，骂人或者打人，做出一些破坏性的行为，对自己或他人造成伤害，这种人就要学习控制自己的情绪。

有些人站在高处时虽然很安全，但如果他们往下看就会浑身充满恐惧，非常不舒服，这叫恐高症。有些人非常害怕待在狭小的空间里，这叫密闭恐惧症，这种人甚至不敢坐电梯，也害怕坐飞机。还有些人害怕与陌生人有交集，不敢社交，这是社交恐惧症。甚至有人是害怕到不敢踏出家门，他们宁可一辈子待在家里，也不敢去面对外面的世界，这样的恐惧是不是很可怕呢？

情绪跟我们的身体状态有关系，情绪和身体是一体的。不知道你有没有发现：当你累的时候，脾气就会不好，很容易发怒；肚子饿的时候、没有睡够的时候，都容易情绪不好。所以要学习控制好情绪，首先要吃饱睡足休息好，大人孩子都一样，要满足基层的需求。

情绪的转变

下面，我们做一个试验。

假如你来到一个从来没有去过的房子门前，门打开后里面黑洞洞的，什么也看不见，还有一阵阵冷风吹过来。你敢走进去吗？你有什么感觉？也许你会说，恐惧，害怕。如果今天是我要走进那个黑乎乎有冷风的房子，也会感到恐惧和害怕。

现在请你想象，你走进去了。虽然你很害怕也很恐惧，可是你走进去了。突然灯亮了。你发现好多朋友竟然都在里面，要给你一个惊喜；生日蛋糕车就在正中间，蜡烛也点起来了。这时候你原本恐惧害怕的感觉，是不是会立刻转化成一种兴奋的感觉呢？

这种原来很害怕，突然变成很开心的感觉，我们现在给它起个名字，就叫"哇塞"怎么样？

又例如，你有没有坐过过山车？刚坐上去的时候，你怕得要死，手心在冒汗，感觉心脏要从嘴里跳出来了，紧张得浑身发抖。尤其是快要俯冲下来的时候觉得要窒息了，车上的每一个人都在尖叫。车停下来以后，心脏虽然跳得还是很快，浑身都是大汗，可是当你知道你是安全的时候，你会不会说："哇塞，再来一次！"

你有没有感觉很奇怪——上一刻吓得死去活来的，下一刻竟然还要再来一次？这种情绪是不是很奇怪？人们干吗那么喜欢给自己找罪受呢？刻意地吓自己，花钱把自己放到小车里，高速地翻过来调过去，搞得自己昏头涨脑的，还很开心。这时，我们就要学会重新认识自己的情绪。

比如害怕、恐惧等负面情绪，都是在告诉我们要避免一件事情。但如果我们换个角度看，也许这些负面情绪只是在告诉我们，我们离开了平常的舒适圈，它其实是我们面对挑战、遇见困难时感受到的反应。这时候，如果我们回避它，那我们可能一辈子都没有办法克服那个挑战！

如果我们即使感受到恐惧、害怕，却还是很勇敢地去突破、去战胜的时候，我们反而会得到一种极限的愉悦，这种愉悦感就叫福流（英语FLOW）。我们需要经常体会福流，福流会让我们的情绪更加稳定和开朗。

孩子"完美"复制父母情绪

每一次在"家长大课堂"我都会问：你们的父母当着你们的面吵过架吗？90%的学员会举起手。我再问：父母吵架给你们的成长带来什么样的影响呢？许多人说：父母吵架会让小时候的自己很害怕，感觉没有安全感！尤其是半夜突如其来的争吵声更令孩子们胆战心惊。父母的这些行为对孩子伤害巨大，这种伤害具有深远的影响，会让我们欠缺安全感、信任感以及家庭归属感。长大以后，对婚姻缺乏信任感，对亲密关系缺乏安全感，更有甚者对家庭的归属感产生很深的疑虑，甚至担心自己也会重复父母的行为，影响到下一代。当年的孩子现在都长大了，也成了父母。当我问他们：你们与另一半吵架吗？又是90%的人举起了手。真的是"完美"地复制了上一代的婚姻状况。曾经是孩子的我们发过誓：我长大结婚了，坚决不吵架，要给孩子一个安全的空间。可是现实生活中是怎么做的呢？

父母要学会夫妻之间正面沟通，管理自己的情绪，要允许孩子有情绪，允许他不完美，要多肯定、多赞美，给孩子的成长过程缔造一个安全的港湾，努力培育家庭所有成员的积极情感。但所有行动的前提，是要形成以下认知：

1. 孩子的成长过程需要情感上的安全感。

2. 父母的行为影响孩子的安全感。

3. 培育家庭所有成员之间的心理连接，可以加强安全感、信任感和归属感。

4. 父母的肯定、理解、赞美是培养孩子安全感的源泉。

5. 孩子有情绪是正常的，你不需要让你的孩子做一个完美的孩子。

孩子本身就是父母最好的礼物，父母无条件地接受和欣赏这个礼物，就是在完成父母和孩子之间最亲密的连接。这种连接对于婴幼儿在这个世界上建立安全感、信任感和归属感是至关重要的。当一个人无条件被接纳的需要在婴幼儿和孩童早期发育时期被满足后，这个信息就会贯穿他的整个生命，形成自我接纳的基础："我"是被别人接纳的，所以"我"也能接纳我自己。

孩子的安全感、信任感和归属感的满足，首先是从家里获取，而后不断扩展到学校的同学、朋友、社会团体等更广阔的社会里。如果能够在自己的家里得到无条件的接纳，孩子就会更加愿意从父母那里学习，并得到指导，而不必从家庭以外的地方寻找接纳。这种归属感的需要非常强烈，如果没有办法从家里获得，他们一定会到其他地方去寻求，家长们要警惕孩子的这种需要。极度渴望归属感的孩子通常会参加一些小帮派或者一些不好的组织，从中获得温暖，那会是孩子们内心最后的求助点。

父母情绪与孩子心理息息相关

近代研究发现：婴幼儿情感安全的需要非常重要。孩提时代如果出现健康安全或者情感安全的威胁，婴儿就会变得焦躁不安，充满恐惧。在这种情况下荷尔蒙会自动分泌，中断大脑思考、学习、分析等区域的活动，让孩子准备自我防御或者迅速逃离。对于那些在生活中没有安全感的孩子，如果这种原始的战斗、逃跑或者卡住的反应模式每天都在上演，孩子幼年大脑的主要部分会因为情绪上的压力而关闭，学习能力以及和他人建立良好关系的能力就会受到很大的影响。

会被孩子解读为危险经历或负面体验的父母行为，主要包括：父母提高嗓门讲话，骂人；把孩子的错误和其他孩子的成功进行比较；用惩罚或者后果来威胁孩子；抓着孩子用力摇他们；打屁股等等。

这些过激的互动方式会让孩子们质疑：自己与那些整天照顾他们吃喝的大人待在一起是否安全？没有深度的安全感和信任感，孩子们在探索世界的时候会变得谨慎和迟疑。面对探索和学习的机会时会充满自我怀疑，他们会害怕，会更愿意待在一个有限的安全的小范围内做出选择或者采取行动，来满足自己的需要。

如果孩子在情感上感到安全，就会在他们的世界里放松下来，兴致勃勃地去探索这个世界，他们会不断地探求、提问、冒险，用开放的心态，在更广阔的范围内做出选择，去满足他们的重要需要。

试着想想：如果妈妈一边做饭，一边为白天在单位里发生的事而生气，同时抱怨自己要花很多的时间做饭做家务，那么和她一起吃饭的孩子会从中学到什么？反过来，如果妈妈一边做饭一边唱歌，愉快地享受着做饭的快乐，以及与亲人共享快乐时光的满足，孩子们又会学到什么呢？无论父母怎么做，孩子大多记住的都是你当时的状态：父母是在抱怨，还是在快乐着。

父母要学会从孩子的角度看问题，了解孩子生命中每个成长阶段最为重要和紧迫的需要，可以帮助父母意识到孩子也希望知道自己在父母眼中的样子，是听话的、好学的、努力的，还是怎么样的，以及自己还可以做些什么事来改善自己的形象等。孩子每一个阶段经历的一切，都是独有的、与众不同的，父母要理解孩子面临的挑战，并真心地祝福他们取得的成绩。这样可以增强彼此的信任感，也是对他们的关爱。

两种情绪模式：积极掌控 VS 消极受害

对于案例中的娜娜，要引导她突破负面情绪，还需要先处理她固有的情绪模式。情绪模式是指在完成一项任务或者对某个问题模式反应时的特定状态。积极心理和消极心理都有其特定的情绪模式：当我们处于积极心理时，我们在行为上通常以掌控者模式做出反应；而当我们陷入有害的消极心理模式时，我们通常以受害者做出反应。

受害者模式，来源于我们认定自己是命运的牺牲者；掌控者模式，来源于我们认为自己是命运的缔造者。

人生出现小小惊喜时，我们通常在积极心理和消极心理之间徘徊，基于当时的环境，我们还会在受害者模式和掌控者模式之间来回切换，再选择对我们有用的或者我们习惯使用的那个模式。除非我们已经很完美地了悟人生，否则我们不可能永远处于一种模式之中，这种转换并非来源于性格的缺陷，而是人之常情。

消极心理促成受害者反应模式。这里所说的受害者，并非指犯罪行为或事故中的受害者，而是指完成任务或对问题做出反应时的一种心理模式，一种透过被消极染色的镜片看到外部并产生消极反应的模式。在这种模式下，人们会以为自己是个受害者，或者总是以受害者自居。在本章分享的案例中，娜娜就处于这种受害者模式中，她觉得父母对自己和哥哥的不同反应让她很受伤，觉得自己是一个受害者。

虽然自以为是受害者，但是不一定就真是受害者。这只是我们的行为在某一刻对周遭环境做出的反应。自以为是受害者，意味着我们正运行着受害者模式。透过有消极染色的镜片，看到的外部世界是黑暗且危险的，受害者模式影响的不仅是自我觉知，更是对一切事物的直觉。当人们处于消极模式时，不仅自视为受害者，还会以受害者的视角看待周遭的一切，以受害者的身份应付难题，就算是自身引起的不满，依然会认为自己才是受害者。在这种模式下，人们几乎没有控制杆或选择权，事情就那样发生了，让人感到无能为力并且痛苦不堪。

这不是指责，只是通过专业观察得出的一个结论，一种定义行为的方法。请记住，受害者模式是每一个人都时常会遇到的，包括我和你。人无完人，我们与其不停地告诫别人和自己别再当受害者了，还不如认真想一想，我们是何时何地以何种心态进入受害者模式的呢？这个模式对我们和身边的人，特别是那些需要我们拿主意的人是否有帮助呢？如果没有，那我们或许该试试掌控者模式。

积极心理促成掌控者反应模式。这里所说的掌控者，指的是主动采取行动或有能力采取行动的人。和受害者一样，掌控者模式也是完成任务或对问题做出反应时的一种模式，指的是当看到事物真实的模样时，会感激看到的一切，承认自己有责任，积极面对这样的现实。作为掌控者，人们与外部世界交流的方式和我们处于受害者模式时完全不同。作为掌控者，人们看到的是机会而非问题，实际上人们的确也看到问题了，但却把它解读为机会。掌控者认为一切事情的发生都是有原因的，可以想一个正面的原因，再积极向前。

和受害者模式一样，掌控者模式影响到的不仅是自我觉知，也是对一切事物的直觉。一方面自恃为是掌控者，另一方面还以掌控者的视角看待周遭，并以掌控者的身份应对难题。掌控者认识生活真实的模样，而并非是想象的景象；看到光明和乐观，而并非黑暗和无望；选择行动，拒绝被动。不管发生什么，掌控者都有掌控感和选择权。

处于受害者模式的人，内心经常会有愧疚、责备等情绪，会戴着消极的眼镜，一切出错的事情都被看作是别人的事，别人是问题或者痛苦的源头。同时，问题都是别的人造成的，因此需要别的人来解决。如果别人不愿意解决或者已经不在身边，问题就没办法解决，就会陷入困局，"我"是受害者，"我"深陷其中，直到有人愿意来解救"我"。

我们在指责别人的时候，也会被极度消极的受害者们指责。不管我们责备的对象是事物、别人还是自己，都是在责备。

如果责备的是事物，"我"是环境的受害者；如果责备的是别人，"我"是他的行为的受害者；如果责备的是自己，"我"就是自己错误判断的受害者。消极心理始终让"我"相信：就是别人害得"我"陷入如此境地，这是别人的错。如果找不到责备的对象，只能唉声叹气地责怪自己，这是"我"的错。

消极心理就是这样作祟的，而它对改变现状毫无用处，只会导致受害者模式。受害者心理模式又会引起没完没了的责备，这是无休止的恶性循环，让人最终深陷于有害的负面情绪的黑洞里。

掌控者模式使人有责任感，有积极心态，能接纳责任。愧疚、错误、责备在掌控者模式里无关紧要。《韦伯字典》中，"责任"是过失、错误、负债的近义词。"我的责任"通常意味着"我的错"。然而对于这个词的解释，积极心理学与大众认知有些不同，是从这个角度来看：掌控者模式下，责任不仅与过错完全无关，更与责备截然相反，承担责任就是接受或承担不管是谁或什么原因造成的后果，承认自己有应付的能力，即应对力。

例如，你在高速公路上开车时，突然发现忘记转弯，现在已经不是你要去的方向了。也许你心里会说"这不是我的错，都怪那个打进来的电话，所以我才没有注意转弯路口"。然后，你低头发现一件很重要的事情——你自己正握着方向盘。没错，是自己在开车，不是别人。你内心的对话是：看来真的是自己的错！不对，这不怪我！我没有做错什么，但这是我的责任。我应该承认自己有能力应对一切随之而来的状况。看到自己紧握方向盘的双手，并用这双手来扭转当下的局面。我在这里，是因为我把车开到了这里。现在我面临的选择是，是否掉头回去找原来的路。

拥有积极心态的掌控者有一种授权感。因为知道自己能够掌控事态的发展，所以会积极地应对事故和情绪。掌控者模式证实了应对力的存在，让人享受双手紧握方向盘的感觉，就算最初有不满的情绪出现，也不会浪费时间在纠结上。不管发生什么，无论起因是何事何人，只有找到解决的方法才有意义。

消极受害者习惯说"我不行"。当被要求做一些困难的、讨厌的、麻烦的事情时，消极心理总会暗示自己"我不行"。受害者模式总是尽可能地找各种理由来解释为什么事情做不到，经常说且坚定不移地相信"我做不到""我处理不了""我就是不行"。受害者模式让人们紧盯黑暗面不放，不进行思考。这种习惯阻碍人思考，虽然让人避免了可能的失败，但也远离了成功。

因为从心理学角度来说，"我不行"的下一步就是"我连试一下都不愿意，就这样了，我失败了""我不行""不再有更多可能了，我被困住了，结束了"。

"我不行"相对的自然就是"我行"。掌控者就习惯性说"我行"。紧接着引出一个重要的问题——我怎么才行？

应对这个问题，积极掌控者和消极受害者会说出同样一句话——我怎么可能做得到呢？不过二者意思完全不同。受害者模式下，这句话实际上是伪装成疑问的陈述句，真正的意思是"我不可能做到"。而在掌控者模式下，这句话是真正的疑问句："我要怎么样才能做得到呢？"积极掌控者能够清楚地认识到自己并非什么都知道，但即使对"怎么行"没有头绪，也十分确定会有一个应对的答案，所以提出问题后会全心全意找寻答案，而且通常都能找到。

这样不断提问，往往能激发出创造性的绝妙答案。"我不行"会关闭创造性思维，"我行"能迅速开启创造性思维。因为"行"使人思考"我怎么能行？""用什么办法可以做到？"进而找出"我会怎么做"，然后自然而然地行动。

掌控者与受害者的下一步

掌控者模式下,永远存在下一步——寻求帮助,查找源头,请教,质疑,行动,搞定。认为即使现在找不到解决问题的方法,可是很快会想到办法,一旦做到了一小步,就坚信能处理好一切,现在能,以后也能。

受害者模式里,经常有一个抱怨的情绪,那就是"为什么是我"。受害者总是需要援助,有种需要从所困的讨厌境况中被解救的感觉。例如,乘坐电梯时电梯突然不能运行,需要维修人员的解救。消极受害者甚至在被解救出来以后都会觉得"我真倒霉"。

受害者模式创造"永远都不够"的稀缺心态——利己的买卖永远都不够,衣橱里的衣服永远不够,车也不够,时间不够,金钱不够,感情不够,关心永远都不够,等等。这些事物在受害者模式的理解中永远都是匮乏的。不仅如此,这种模式下"我"自身从来也都不够优秀。

受害者模式下,不仅"我"拥有的永远不够,而且"我"做的也永远不够。"不够"这种稀缺性从早上醒来的第一声叹息开始:我从来都睡不够,我没有时间,我没有力气做这个……稀缺性模式下的消极性心态者,总是觉得不知所措,难以满意,永远需要更多。稀缺性观念导致人们陷入受害者模式,导致他们想霸占,想囤积,想抓住所有。

对于"为什么是我"的抱怨,如果以积极心态应对,也可以发出真正的提问:"为什么是我?""为什么是这样?""为什么是现在?"看问题的角度改变了,"为什么"的答案有时也会改变。如果是真诚地发问而不是抱怨地发问,就能显著地改变已经发生的事情对自己的意义,从而改变现实转变带来的困境。

积极掌控者会主动出击，积极寻求解决方案。例如，当电梯发生故障时，如果站在积极心理角度，会先冷静下来，移动一下位置看看是不是因失衡造成的，点击电梯内的求助按钮，或者看看手机有没有信号，就近找人帮忙……这样一直以积极的心态面对问题，就没有那么多的时间抱怨和责备。

— 家长大课堂练习 —
遇见我的模式

请家长们试答：
1. 我是什么模式？
2. 我要如何调整？
3. 我的行动是什么？

思考： 自己的模式带给自己的启示。

提示： 父母们也可以试着分析自己和伴侣、孩子相处时的不同模式，回忆以前因模式不同而发生的冲突，及如何避免。

本章分享案例中的娜娜把自己定位在受害者模式时，看不到父母的付出和爱，父母怎么做都无法满足她的受害者心理。只有让她明白自己处于受害者模式并引导她自己走出来，她才能看见父母的爱，才能从负面情绪中解脱出来，活出自己的精彩人生。

CHAPTER 3

教育的根是苦的,但果实是甜的。

——亚里士多德

第三章

情绪与内在需要

阅己与观人,提升社会智能

案例分享

咨 询 人：叶子，18岁
求助原因：人际关系问题

叶　子：我几乎没有朋友，没有社交，也不想和老师联系，我不知道自己是怎么回事？我没有办法和许多同学在一起相处，初中、高中也只交了一个同性朋友，相处久了，就会觉得被控制，很压抑，而且我希望我的朋友只对我一个人好，但是她们往往除了我之外，还有很多的好朋友，这令我很吃醋，很嫉妒。

这次找您是因为和唯一的好朋友断交了。断交的原因是觉得她对我太控制了，什么都要管，总是说我这不对，那不对，而且我总觉得她很浮躁，不符合我的交友标准，所以我想松一口气。断交之后，虽然自己做自己的事好像很轻松，但内心深处有不安感。老师，开学以后我如何面对她？为什么我只能交一个朋友呢？

咨询师：你从什么时候开始只交一个朋友的？

叶　子：小学的时候，我发现我特喜欢跟男孩在一起玩。和他们在一起疯跑，我觉得很快乐。我觉得女生事多，喜欢斤斤计较，不愿意跟她们玩，所以老师们都管我叫"疯丫头"。而男孩子也喜欢和我在一起玩，他们觉得我不像其他女生那样多事。可是上了初中以后，被老师骂了几次，知道男女有别，就开始控制自己，不让自己和男生讲话，开始试着和女生交朋友。可是大多数的女生，相处几天就不和谐，不是她不理我，就是我不理她，没有办法长久交往。

后来结交了一个女孩，觉得她很好，我就一心一意对她。她很活泼，有许多朋友。她和别人去玩的时候，我只能默默地等待。心里很嫉妒，又不敢表达出来。因为她跟我说我也可以交其他的朋友，可我又不愿意。所以她不来找我玩的时候，我只能自己玩。

咨询师：班主任老师和同学们对你如何？

叶　子：班主任因为看过我和男生打闹，所以对我印象不好。之前的班主任对我还挺好，可惜他走了。新来的班主任带了我两年，在我的记忆中，两年时间里她从来没有表扬过我，认可、肯定、赞美通通没有。所以，我一看见她就会低头，心慌，害怕。

咨询师：你要留学的事跟班主任老师讲过吗？她有什么反应？

叶　子：我要留学的事在同学群里传开了，大家都在祝福我，但就班主任没说话。后来，我回学校时和她说了，希望得到她的肯定。可是她还是什么话都没有说，转头又去表扬其他同学了，我又一次被无视，太挫败了。唉！

咨询师：告诉我你当时的感受。

叶　子：我很难过，也很沮丧，觉得我做什么都得不到老师的认可。我觉得这是我一生中的大事，也是荣耀我们班的事，可她还是不肯表扬我一下。出国的时候我一想起这事就很难受，所以我决定不再跟初中所有的同学往来。因为我觉得，班主任的态度他们都是看在眼里的，他们在心里也一定是嘲笑我的。再说他们也不是我记忆中的那些人了，他们都变了。

咨询师：所以你宁可让你的记忆停留在你们初中时候的样子，也不愿意接受长大后的初中同学了？

叶　子：是的。他们的变化太大了，从外貌到思想都变了，所以，我不想和他们说话了。

咨询师：同学们对你怎么样？

叶　子：有四五个人对我挺好的。他们一直跟我分享其他人的近况，哪位同学有什么变化，谁谁去了哪里，谁谁变成什么样了。

咨询师：现在你还在你们班的群里吗？

叶　子：我在，但从来不说话。

咨询师：看来你还是很珍惜初中三年，也挺珍惜和同学们之间的友谊。

叶　子：（愣了一下）为什么这么说？

咨询师：因为你在群里啊，虽然你在群里不说话，可是你留在里面，说明你珍惜他们，你舍不得他们。

叶　子：（低下头）是的，我很珍惜他们。（长出了一口气）

（咨询师与其父母沟通得知：叶子留学期间爷爷过世了，家人怕她难过没敢告知，直到叶子放假回来才知道爷爷半年前就离开了人世，大受打击，觉得对不起爷爷，情绪一度不稳定。叶子的父亲也一直渴望得到自己父亲的认可，想做出一番成就给父亲看，可是每每在人生重大转折点时就会出现坎坷和不顺，叶子父亲失去了自己的爸爸，内在也像小孩一样悲伤，以致有些郁郁寡欢；叶子母亲在少年时失去父亲，一夜长大，奋发努力，凭自己的能力走上社会，养成了既温柔又挑剔，凡事追求完美的性格。母亲在柔软中带着强势，掌控着家里的一切。父母双方在内心深处都有很多的悲伤、愤怒与无奈。孩子的归属感让孩子想要帮父母分担责任。）

问题成因

- 初中班主任对叶子的忽视和不认可，导致孩子心理受到创伤。开始压抑情绪，出现自卑、无奈、难过、气馁、紧张、恐惧、困惑。因班主任对她的态度，班级许多同学对她不认可，瞧不起，甚至忽视，造成又一次心灵伤害。而她自己也不善于处理这种问题，导致和许多同学无法交心。
- 叶子交朋友的要求是无法与别人和谐相处的原因。

咨询结果 经过咨询师设定的阶梯式三个疗程，首先处理叶子和父母三人的内在情绪；其次处理一家三代人的教养理念和孩子的归属感问题；最后处理叶子在学校的人际关系及叶子与父母的深层沟通问题。

经过三个月的疗愈，叶子和父母都有了翻天覆地的变化。叶子的父母说："没想到这次的咨询受益最大的竟是我们夫妻俩，好像是重新认识了对方，真正地认识了自己和孩子。"

情绪和行为背后的需要

普通心理学讲，情绪和情感是人对客观事物的态度体验和相应的行为反应，而所有的感受和行为都是内在需求的外现，父母们一定要学会把孩子的感受和行为背后的需要关联起来，这样才能真正理解孩子。

孩子为什么会这样？孩子为什么会有那样的行为？有时候孩子的动机是很容易理解的。你问他为什么要吃饭，他会回答饿；问他为什么要上学，他会说学知识交朋友。但是如果你问他为什么不愿意和这个同学成为朋友，他可能会说"因为我讨厌他，他和我想的不一样""我们性格不合"等等，并且可能会列举很多关于这个同学的事例，佐证自己说的是对的。

对这样的回答，一开始父母可能会持否定或敷衍态度，"哦，那就少和他交往""真的吗？他那样啊？"最后，你或许还会斥责孩子，"你不应该这样说同学"或"你不应该这样说老师"。听到这样的回应，孩子往往会试着辩解，或者是一声不吭。父母则完全无法了解到底发生了什么？一旦缺乏对行为动机的深入了解，就永远无法真正解决所面对的问题或冲突，而只能就事论事地做些小修小补。

因此，一旦父母在家里扮演了法官或陪审员的角色，判定谁是错的，谁是对的，谁该受到惩罚，家庭中就永远存在着一种叫作责备的游戏，指责、嘲讽、否定、说教、评价、贴标签就成为家常便饭。

每一个孩子都希望父母和老师、同学看到他的善意，认可他的努力，可以想象那样的指责、否定、说教、嘲讽，是多么令人难过。如果老师、父母、同学都用尊重的态度去对待所有人，大家就会感到安全，特别是当他们付出的努力没有得到期待的结果时，这种尊重显得尤为可贵。

当一个孩子感到气馁、紧张、难过、恐惧或者困惑的时候，任何的忠告、责怪、批评、羞辱或者惩罚都无济于事，那些反应只会让孩子们感到更加痛苦和恐惧，而不会让他们真正明白是怎么回事，也不能令他们从错误中学习，当孩子们发现从大人那里只能得到这种让人恐惧的反应时，总有一天他们会去找其他人倾诉，或者干脆把自己封闭起来，什么都不说了。

孩子们真正需要的是：当事情搞砸的时候，有人可以认真地倾听他们，接纳他们的感受，并且能够发现并理解他们这么做的良好动机。

倾听、接纳和理解能够帮助孩子进行自身反省和学习，如果父母能够满足孩子的这些需要，允许他们对自己的行为做自我反省，就等于给孩子传递了一个信息：他们是有能力和办法的，是能够从各种情形中总结经验的。当孩子得到了尊重和倾听，并从中感受到了这一切带给他的放松和希望，那么下一次他还会和父母交流，并最终会打开自己的心，倾听父母的想法，征求父母的意见。

孩子所有的行为都在试图满足自己的某种需要。前面案例中的叶子，小的时候就是一个爱疯爱玩爱笑、性格开朗、不拘小节的女孩子。根据她特别喜欢和男生玩在一起的感受，我们来分析一下，看看她在试图满足一种什么样的需求呢？家里是不是有一些重男轻女的倾向，让她感受到家里的某些大人对男孩和女孩的态度不一样？如果她像一个男孩子，是不是会得到大人更多的爱和关注呢？所以，她试图用跟男孩子在一起玩的方式，来向大人诉说"我也可以跟男生一样"。

设想一下：如果面对孩子或者生活中的任何人，你时刻看到的都是他们行为背后的需要，你和他们的沟通与交流会是什么样的呢？

区分需要和策略

有时候父母不愿意听孩子们想要什么，其中一个最主要的原因是：他们不理解需要、行为和满足需要所使用的策略之间的区别。父母害怕如果孩子的愿望是玩手机，或者是打游戏，或者是整晚不睡觉，他们所做的只能是与之抗争，或者是无可奈何地满足他们。所以，我们先要明确：打游戏不是一个需要，它只是一种满足需要的策略方法，真正的需要可能是放松。

所谓普遍性需要，就是指这个世界上每一个人都有的需要。很显然，在这个世界上一定会有一些人没有游戏也活得很好，所以很容易就可以判断出：打游戏不是一个普遍性需要。打电话几个小时，或者每天必须看卡通片，也都不是普遍性需要；每天放学以后一定要和朋友们在一起，也不是一个普遍性需要。

有时候打游戏只是为了满足或者拥有有趣的、娱乐的放松需要的一个策略方法而已。我们要区分需要和策略，因为几乎所有孩子和其他人的冲突、争论、吵架以及在学校的权力斗争，都是围绕这个展开的。

如果父母可以带着尊重，把注意力放在这些策略背后的需要上，那这些冲突即使不能避免，也可以缓解。

下面这段话就是典型的围绕着策略展开的争吵。

孩子：妈，我现在想吃甜点。

妈妈：晚上睡前不应该吃甜点。

孩子：可是我现在很想吃啊。

妈妈：如果你这个时间吃甜点的话，你会变胖的，这一定不是你想要的结果。

孩子：可是我就是想吃点甜点。

妈妈：不行！太晚了不可以吃。

这样的争辩令孩子感到很沮丧，他觉得没人听得懂他的感受。父母也觉得孩子没有遵守他们的规定。临睡前可不可以吃甜点的诉求和没有对彼此需要的了解和尊重，会引发冲突，而且冲突很有可能会一直持续下去。如果在孩子表达诉求时，家长用尊重的态度，先去倾听孩子的需求，就有可能获得更深的连接和相互的理解，合作的可能性就会更大一些。

孩子：妈，我现在想吃甜点。

妈妈：为什么这个时间想要吃甜点了呢？

孩子：我就是想吃一点甜点，特别想吃！

妈妈：（体会孩子的渴望）你知道睡觉前吃甜点会发胖的。你一直克制着睡觉前不吃东西，今天是发生了什么吗？有什么原因吗？

孩子：是的！今天我的同学带了一块蛋糕，看起来很好吃的样子，现在我就想要吃一点，满足一下自己的口欲。

妈妈：哦，原来是这样，那家里可能没有甜点，可是有无糖的面包，不知道可不可以。

孩子：（想一下）嗯，也可以。这样吃一块我就不怕发胖了。谢谢妈妈。

妈妈：好，我帮你拿。

当父母和孩子用这种方式沟通的时候，就有一种能量的交换，会自动地产生换位思考的能量，让两个人都愿意找到一种满足彼此需要的方法。

倾听孩子并不代表同意孩子，更不意味着给孩子任何她想要的东西，如果你希望摆脱和孩子之间无尽的争辩、吵架和权力之争，就要学会区分需要和为满足需要而使用的策略。

无论在哪里，你都会看到人们想要满足自己需要的尝试。

当孩子给同学打电话诉说一件令他烦恼的事时，通常是想满足理解和倾听的需要。当孩子回家对父母说"我再也不想谈这件事情了"或者"我今天什么也不想做"，那他可能是想好好地休息，或者想自己静一静。当孩子给父母讲一个笑话，也许是满足幽默和快乐的需要，也许是想和父母建立连接。如果孩子告诉父母，他想要得到某件东西时，他又是在试图满足自己什么样的需求呢?

孩子在努力满足自己的各种需要，同时也是在满足父母的需要。如果父母从这个角度去理解孩子的每一个行为，就会对孩子多一些尊重、理解和倾听，少一些评判和指责。父母也在时刻努力满足孩子的需要。如果父母能够同时关注自己的需要，对自己的行为多一些理解，那么很多自我评判就可以让位于自我尊重和自我体贴了。

当更多的父母关注到自己的需要时，就可以了解自己的内心最需要的是什么。因为持续的需要系统会让我们感受到什么是幸福。

每个人要为自己的需要负责，它意味着永远不要指望别人来满足自己的需要。当然，每个人要为自己的需要负责，你也可以问问别人是否愿意帮你，但归根到底只有自己才是唯一能为自己的需要负责任的人，认清这一点对父母和孩子都非常重要。

孩子也要为自己的需要负责任。如果孩子认为会有他人来为自己的需要负责，可能有两个后果：

其一，等待其他人服务，但这会浪费大量的时间，这段时间完全可以用来自己找到解决方法。其二，心里一直怀着这样的期望——其他人"应该"也"必须"来帮助自己、为自己做事，因此表达出的很可能是命令或者要求，而命令、要求、威胁又是快乐和真诚合作最可怕的绊脚石，这样他得到的帮助会大打折扣，父母和孩子都要谨记。

孩子需要倾听和理解

父母和孩子交流的语言很重要，语言可以煽动和引燃冲突，也能唤起尊重、增进理解与合作。父母要学会用没有评判、批评、责备或者命令的语言与孩子交流，用尊重的态度关注孩子的需要，就可以大大增强与孩子建立连接的能力。当父母能够把评判、批评、责备和命令的思维方式，转化为用尊重和善意的心态去看待和思考一切，父母将学习到如何带着尊重倾听他人，又如何用诚实和尊重的方式表达自己，并用尊重的语言有效地和孩子正面沟通。请时刻记住你的意愿，在进行沟通表达时用词造句虽然很重要，但是意愿能起到 90% 的作用。

如果没有明确有意识的连接意愿，即便是最有技巧的、精心准备的表达，听起来也是空洞的，或者是有操纵欲的。在我们用语言进行正面沟通时，请记住我们唯一的意愿就是通过尊重和关心每个人的需要，与别人建立真心的连接。用下面的问题可以帮助检查自己每次互动时的意愿：

我现在是想要建立连接还是想证明我是对的，让别人服从我呢？

如果你一心想证明自己的正确，并想让别人按照你的方式行事，那就说明你还没有准备好和他人建立连接。

— 家长大课堂练习 —
意愿空间

让我们一起研讨：
1. 请父母写出与孩子建立良好关系的意愿。
2. 父母明确表明想跟孩子建立什么样的关系。
3. 写出下一次跟孩子的互动，父母的意愿会是什么。
4. 写出如何达成意愿的方法。

对很多父母而言，保持自己的习惯，不假思索地应对跟孩子以及其他人的互动，是极为方便省事的。如果能够养成一个时常提醒自己意愿的习惯，将能够帮助你在繁忙的日常生活中，经常性地记起自己的意愿，这样在最需要的时候意愿就能派上用场。学习和练习有效的沟通语言，有助于滋养你的意愿度。

另外，可以帮我们达成意愿的方法有：每天早晨提醒自己的意愿；在紧张的沟通过程中做个深呼吸，倾听自己的声音；在大自然中放松自己；还可以读些书、冥想、唱歌、跳舞、写作、作画，以促进正面沟通和自我倾听。

— 家长大课堂练习 —
意愿达成

试试这样问自己：

今天我看见了、听见了、感受到什么美好的事情？

我需要什么？我想要些什么？

意愿一，我想和别人连接（　　）

意愿二，照我的方式行事（　　）

我选择：倾听其他人说的话，了解他看见、听见、感受、需要什么。

我选择：表达我自己，我看见、听见、感受、需要什么。

提示： 从感受到需要，必须留意沟通中的"流"，任何对话中都存在着一个流动。

有时候你在说，有时候你在听，如果你能不时地抽离出来，就会留意到谁在讲话，谁在倾听。当你和孩子同时说话时，其实谁都没有听到对方讲了什么。为了让你们说的话都可以被对方听到，其中的一个人需要时不时地停下来去倾听，并用正面沟通语言与对方交流。如何能够做好如此重要的倾听，又不必放弃表达自己，你可以尝试这样做：

1. 用心体会你自己的感受和需要。
2. 全身心体会他人的感受和需要。
3. 诚实地表达你的感受和需要。

请把你的注意力聚焦在最有可能建立连接的地方。例如，当你和孩子交流时因沟通不畅，孩子非常沮丧已经听不进去任何话，如果此刻你只进行倾听，而不是说话，可能连接就会出现。如果你自己也无法倾听他的感受和需要，还想建立连接，就需要先用心体会一下自己到底是怎么了。

作为父母，和孩子正面沟通时要做到三步：

第一步，给出不加评判的观察。
第二步，连接感受背后的需要。
第三步，提出可做的请求。

在表达方面：尽可能诚实地表达自己的观察、感受、需要和请求。观察并描述看到和听到的，诉说自己的感受，表达自己的需要，请求那些预计可以满足需要的东西。

在猜想方面：父母努力倾听并做出最好的猜测。猜想孩子看到和听到的，思考他的感受、他的需要、"我"怎么能够满足他的需要。

正面沟通的第一步，都是如实地描述出自己在对什么做出反应。这时，不加评判的观察能力能在很大程度上帮助自己和孩子建立连接。如果父母对孩子说"你今天早晨表现得很不好"，这是一句带有评判的话，孩子听起来就是一句批评，很自然就会产生抵抗的情绪，结果就是要么和父母争论，要么一言不发。但是如果父母只是对发生的事情不加评判地观察性描述，孩子很有可能愿意听你说的话。一句不加评判的观察性描述是这样的："今天早晨我和你说话的时候，你的眼睛一直看着别处。"为了培养不加评判的观察能力，可以把自己想象成是通过摄像机的镜头在看东西，准确地说出你透过镜头看到、听到或记得了什么即可。所以只用不加评判的观察性描述，你就可以迈出和孩子建立连接的第一步，打开通话的大门。

— 家长大课堂练习 —
我说话，你想听吗？

请家长和孩子一起做互动练习，看看彼此听到下面的话有什么反应。

1. 你从来都不听我的。
2. 我跟你说话的时候，你一直在看书。
3. 你太懒了！
4. 现在已经十点了，你还没有起床！
5. 你不负责任！
6. 你说过今天晚上你来洗碗，可是我看见碗还在水槽里？！

思考： 请分辨上面的话哪些是不加评判的观察性描述，哪些有指责、评判的意味。

提示： 父母和孩子要在没有负面情绪时做此练习。

第二步就是对于"需要"的觉察，这是正面与孩子沟通的核心。要记住是"需要"把我们联系在一起，无论你多大年龄，有什么样的习惯，无论你是父母还是孩子，每个人都渴望让"需要"得到满足。

当你有快乐、兴奋和满意的感受时，说明你的某些需要得到了满足；而有悲伤、忧虑、沮丧或者恼怒的感受时，则说明你的某些需要没有被满足。这是一个系统，总能帮助你导向你的需要，同样会帮助你指向孩子的需要。所有感受传递的信息都是有帮助的，你的感受植根在你的需要中，孩子的感受也植根在他的需要中。当孩子的安全感没有得到满足，他就会感到害怕；而当他的成就感得到满足时，就会感到兴奋和骄傲。

感受从来都不是由别人引起的，所以在和孩子正面沟通时，不要使用"你使我快乐"或者"他惹我生气"这样的说法，关于谁该对谁的感受负责任，必须表达得非常清楚，你最好这样表达，"我感到……是因为我需要什么……"。

第三步就是表达请求。先要区分请求和命令：请求没有得到满足时，提出请求的人如果批评和指责，那就是命令；如果想利用对方的内疚来达到目的，也是命令。一旦让别人认为不答应就会受到责罚，别人就会把我们的请求看作是命令；当我们清楚地表达出自己无意强人所难，人们一般会相信，我们提出的是请求而不是命令。

― 家长大课堂练习 ―
你会正话正说吗？

请你按照下面的说法来表达自己的情绪：

我感到放松，是因为我需要理解，而且我得到了理解。

我感到忧虑，是因为我需要确信你会很好的。

我非常感谢你，是因为我需要支持时你一直在支持我。

你感到开心，是因为你可以玩一整天吗？

你感到难过，是因为想要在这件事情上有更多的选择吗？

引发愤怒的原因

父母和孩子的"内在需要"长期得不到满足时就会引起双方极度的厌烦、强烈的恼怒,特别是会有愤怒的感觉,这些想法其实都来自父母的信念。这时,我们需要分辨产生愤怒的想法,及时了解愤怒背后的需要,以及学习转化愤怒并采取具体行动。例如:父母正在电话处理紧要的事情,可是孩子们却在大声嬉闹,导致无法听清电话里的声音,父母可能先是烦躁,提醒孩子安静,但嬉闹的状况依然没有改变,父母愤怒的情绪就开始涌上来。这时,我推荐一种沟通方式:使用请求式语言,一定要表述具体的时间和具体的行动。例如:

你是否愿意给我 10 分钟时间?我正在打电话。
你是否愿意在接下来的 10 分钟里到别的房间去玩?

现在对比另一种沟通方式,例如:

你就不能看看房子里有什么需要做的吗?!
你可不可以多为别人考虑一下!

第一种沟通方式用的是请求式语言,另一种沟通方式用的是要求式语言。如果父母使用请求式语言,孩子会更愿意帮助父母,满足他们的需要。当然有时候父母提出请求时,孩子刚好在满足自己的其他需要,他们有可能对父母的请求说"不"。这时,父母的感受和接下来说出的话就显示出他们提出来的到底是请求还是要求。如果父母感到很不开心，也许会提出一个要求式的沟通，倘若提出的是一个请求，就可以接受"不"的回应，并把它作为建立连接的机会。

转化情绪的教育方法

如果你的孩子在某一天突然对父母大发脾气，或者因为某件事情大声哭泣，这时，指责和责骂只会增加孩子的痛苦，父母可以花些时间以尊重的心态，认真地倾听他们的感受和需要，了解他们隐藏在痛苦背后真正的原因。

孩子渴望得到倾听和理解，期待别人了解是什么事在影响他们，这对他们来说比什么都重要。所以，关注孩子的需要可以带来更加有效的行动，而无视这些需要所采取的盲目行动会让你后悔莫及。

例如本章的案例中，若叶子的父母第一时间感受到孩子的情绪问题，认真分析孩子身上开朗、善良、感恩、勇气和正直等优秀品格，有意识地引导她在交友方面把这些品格发挥出来，或者以最快的速度找到班主任，和班主任沟通并达成共识来支持孩子，叶子就不会发展到这种压抑的状态。其次，叶子也可以主动找班主任老师，把误会澄清，并真实地表达无法得到老师的肯定和关怀的心情，让老师感受到她的渴望和积极向上的精神，从而改变对叶子的看法和态度。

再说一说叶子的班主任。每个老师性格不同，关注点不同，不可否认老师会对那些听话的孩子更偏爱一点，对淘气的或者是某些方面比较有个性的孩子可能会有一些疏忽。我们没有办法因为一面之词就否认这个班主任，但是可以做到的是，在咨询过程中试着让叶子面对班主任，把过往的感受和情绪宣泄出来，把她的期待和渴望表达出来，并以现在的心态回看当时发生的状况，看看自己在这段经历中学到了什么，积累了什么样的正面经验，从而转化她对班主任老师的怨恨情绪，以达到和解。

这一点对叶子未来与长辈之间的人际关系有至关重要的意义。否则会经常出现投射事件，只要有对她高标准严要求的人出现，她就会情绪发作。

家庭中，大部分的家长还是会习惯性地关注孩子的缺点而非优势。学校里，这种现象也比较明显，多数老师更多地关注怎么纠正孩子行为的问题，而不是提升孩子本身已有的优势。这就很容易把学生看成是有问题的孩子，而非可能会发挥出巨大潜力的优势孩子。用问题取向来看学生的老师会有战战兢兢、提防警惕的心态，而用优势取向来看学生的老师则会有开拓、进取、欣赏的心态。

哈佛大学的研究发现，教师对学生的看法会影响他们的表现，如果教师认为学生满身是缺点，那么他们的缺点就会放大。而老师认为学生满身是优势，那么他们更有可能发展出更多、更强的优势。

什么是优势教育？

美国学者安德森将优势教育定义为一种新型的教育理念，需要老师在工作中有意识地发展和应用教师的优势以持续学习、提升水平、设计和实施教案、创造活动，来帮助学生在学习过程中发现自己的天赋，发展和应用自身的优势，以学习知识、获得学习技巧、发展思考和解决问题的技能，最终取得优异的成绩。澳大利亚维多利亚省教育局在他们的《优势教育手册》中厘清了优势教育到底是什么以及一些常见的误解，见下表。

优势教育是什么	优势教育不是什么
对孩子一视同仁，关注孩子能做什么，而非不能做什么	只关注正面
如实地描述学习和进展	逃避现实
在孩子的最佳发展区和潜力发展区构建能力	纵容坏行为
理解当孩子遇到困难和挑战时，需要得到关注和支持	不管不问
当学习和发展顺利时，找出关键因素，可以在未来复制，进一步发展和加强	给人贴标签的工具

优势教育并不意味着老师和家长对孩子的缺点置之不理，优势教育的目的是纠正以往过于看重缺点和短板的倾向。当然如果孩子有非常大的缺点，比如说谎成性，欺凌同学，老师和家长一定要加以重视，及时予以纠正。在纠正学生问题的过程中，我们也可以想办法让学生发挥自己的优势去纠正它，而非一味地强迫他们去改正。

怎样进行优势教育？

优势教育需要学校老师和父母联手，有意识地遵循优势教育的技巧方法，并持之以恒地坚持下来。优势教育首先要尊重五大原则：

第一，学会测量优势，要记录孩子的成绩和行为问题并进行测量。

第二，要认识到每一个孩子都是独特的，都要按照其独特的优势进行有效教导。

第三，老师要为孩子提供支持网络，支持发展优势，在他们发挥优势并取得好成绩时，给予及时的表扬。

第四，提供机会，引导并鼓励孩子在课堂内有意识地使用自己的优势。

第五，利用一切资源，为孩子在不同场景下尝试使用优势的新方法提供条件。

优势教育的八个指导思想

家长们要遵循优势教育的思想框架并校对方向，然后再行动。

第一，向孩子表示尊重和善意，鼓励关注孩子，让他们感觉到自己是有价值的。

第二，提升归属感，给孩子提供一个安全的环境，让他们能够表达自己的观点，发挥想象力，自己做出决定，与人合作、帮助他人。比如帮助低年级或者有需要的同学，可以提升孩子的自豪感和归属感。

第三，建立良好的关系，良好的关系可以提升孩子的自信心和抗挫折力。孩子需要知道，他们可以和老师同学建立非评判的充满信任和尊重的关系。

第四，认可孩子的价值，要庆祝每一个小小的成功，认可创造性的观点。

第五，强调合作而不是竞争，鼓励孩子，而不是只表扬做得最好的。

第六，树立较高的积极期望，看到孩子的优势，并帮助他认识到它们，这样有助于增强孩子的内在动力。

第七，帮助孩子发现他们的优势，许多孩子根本不知道自己的优势在哪里，因为他们从来没有得到过鼓励，让孩子想象他们在某一方面出类拔萃，激发出他们的热情。设定完个人的目标后，再和他们一起想办法去实现。

第八，家长时刻要意识到自己是孩子的老师，要做好榜样。

实践优势教育的两个具体做法

第一，帮助孩子发现自己的优势。

我经常会向家长们介绍一个很简单的方法，这一方法可以帮助大家找到自己或别人的标志性优势，即讲一个"我的优秀故事"。"我的优秀故事"是积极心理学的一个干预方法，也叫"积极自我介绍"。

它的原理是：通常我们向别人介绍自己时，都是侧重于介绍教育、职业等方面，就好像是电脑把我们的背景完美地储存在数据库里，却无法让别人了解我们作为有血有肉的人有着什么样的情感，什么样的性格，喜欢做什么事。无论是统计研究还是日常生活中的实验都一再表明，前者和后者同样重要。若想让别人深入了解我们，最好的办法就是讲一个关于自己的故事。当然对于具有儒家思想的中国人，讲关于自己有多好的故事并不容易，通常我们习惯由别人来表扬自己，自己听到时还要谦虚一番呢。现在需要自己讲自己最好的部分，就更会担心别人认为自己有骄傲自满、自夸自大的嫌疑。而且讲"我的优秀故事"还有一个心理上的大障碍叫"负面偏差"，负面偏差是导致很多人不够乐观积极，很难正视自己优秀的一大原因。

什么叫负面偏差呢？通常情况下，我们会有一种倾向，对于负面的关注和对于正面的关注是不一样的，我们会更多地关注负面。

著名社会心理学家大卫·麦亚斯所做的分析研究总结了1960年到2000年的所有心理文献，发现研究消极的议题（如焦虑、抑郁、心理障碍等）与研究积极的议题（如幸福、感恩、优势品格等）的比例是21∶1。心理学家对于消极议题的关注和研究要远远超过积极议题，心理学家擅长去分析治疗心理疾病，却不擅长教会人们如何在没有病痛的时候更好地追求美好生活。

这个结果是不是说明我们心理学家的心理比较阴暗，专门关注人类的负面心理呢？就好像有时候有人听说我是搞心理学的，他们的第一个问题就是"你为什么要学心理学呀？是不是你自己心理有问题？"当然不是。其实关注人类的负面心理是因为心理学家也是人，所以会本能地关注更多负面的东西，更多地去研究人类的负面心理。

从心理学的角度来说，负面偏差就是觉得"坏"比"好"强大。

- 坏印象比好印象更容易形成。
- 坏事比好事对人的影响要大。
- 坏言行比好言行更影响关系。
- 大脑对坏刺激的反应比对好刺激的更强烈，而且留下的痕迹更深。

由于"负面偏差"使我们更多地关注别人和自己的缺点以及事情的负面，因此我们需要经常有意识地运用一些心理干预方法来更多地关注别人和自己的优点以及事物的正面。其目的不仅仅是为了让我们感觉更好，更踌躇满志，更重要的是纠正我们的"负面偏差"，从而使我们对自己、对别人、对事物有更准确的认识。

第二，帮助孩子学会用优势把不喜欢的事变成喜欢的事。

马丁·塞利格曼教授家里有三个孩子，他把天生讨厌做家务的孩子变得非常喜欢洗碗。赛利格曼教授测量了他家三个孩子的优势，发现最小的孩子年龄虽小，但是在标志性优势中却有领导力这一项，于是他把三个孩子组成了洗碗小组，任命最小的孩子为小组长。他利用哥哥、姐姐的仁爱和团队精神的优势，把这些优势和洗碗的任务联系在一起，这下三个孩子的干劲儿就上来了，每天恨不得饭没有吃完就开始洗碗。

如何利用优势来做自己不喜欢的事，还需要一些创造力以及发散式思考。想一想这项你不喜欢的事情有哪些属性，然后进行联想式思考，把它和你标志性的优势联合在一起，这样你就可以利用优势来做你自己不喜欢的事情。

为什么要进行优势教育呢？

发起现代积极心理学运动的塞利格曼教授，在1998年以最高票当选了美国心理学会主席后，他需要准备就职演讲，以告知美国乃至全世界的心理学家，他准备在他的任期内把心理学带向何方，所以他必须要认真地思索：在新的世纪心理学的使命是什么？

有一天，塞利格曼教授一边思索这个问题，一边在自家后院里除草。他五岁的女儿妮可在一旁捣乱，又唱又跳地把草扔到空中，塞利格曼生气地骂了她几句，把她赶走了。几分钟后妮可回来了，说有话要和爸爸讲，此时塞利格曼早就不生气了，就让她把话说出来。孩子说："爸爸你还记得我五岁前的样子吗？我从三岁到五岁一直都在抱怨，每天都在说这个不好那个不好，现在我五岁了，我决定不再抱怨了。这是我这辈子做过的最难的一件事，如果我能停止抱怨，希望爸爸你也可以改改你的坏脾气。"

塞利格曼后来在《真实的幸福》一书中写道：女儿妮可的一句话正中我的要害！他不仅反思了自己作为一个父亲对待孩子的态度，更重要的是他反思了自己作为一个心理学者对人性的看法，明白了要教育好孩子，可能无法通过校正他的缺点来做到，孩子自己可以改变自己，只要他肯下决心，而家长的任务应该是培养他的优势，依据他表现出来的优势去引导和启发他。

妮可以及全世界的孩子们所需要的都是积极的动机（爱、仁慈、能力、选择及尊重生命），它们和消极念头一样都是动机，但积极动机却会带给我们满足、幸福和希望。发展优势和美德，才能得到积极的动机和体验。

有一些老师或者长辈最关注的是孩子的劣势。人人都有优势，也都有劣势。有劣势不意味着孩子有问题，只能说明孩子是个正常人。家长要避免陷入关注孩子劣势的怪圈，不要重复地加深孩子的劣势问题。

每个孩子和成年人，都会有自己的优势和劣势。我们会经常遇到困难，但因遇到困难没把事情做好，并不代表这就是我们的劣势。当孩子遇到困难时，我们该如何做呢？

首先，事先告诉孩子他将遇到什么困难，他需要注意自己什么缺点，不要试图躲开困难。不过告知的时间最好在他放松的时候。然后再进行引导：怎样做可以发挥自己的优势来应对困难。

— 家长大课堂练习 —
一分钟看懂你的孩子

请家长们可以试试看：

1. 请你用一分钟写出孩子的缺点，你可以写出多少条？

请再用一分钟写出孩子的优点，你再看看能写出多少？

思考： 你写孩子的优点快还是缺点快？
由此可以推测，你更关注的是孩子的优点还是缺点，以及你对孩子进行的是优势管理还是劣势管理。

2. 用两只手分别写下你的名字。

提示： 每个人都有优势手和劣势手，如同人的优势和劣势同时存在。如果你不停地逼孩子修正劣势，就好像让孩子一直用不会写字的手写字一样。

其次，是事中的关注，随时引导孩子正面思维。比如，碰到培养孩子耐心的时机，可以引导孩子直面自己急躁的缺点：你来做个深呼吸，换个角度想想我们可以改变什么，我们不能改变什么，着急有没有用……

最后，是事后检查。等父母和孩子都冷静下来，帮助孩子梳理事情的来龙去脉：当时是什么情况让你有这样的感觉？你是在什么情况下说出这样的话？你在什么样的情况下做出这样的事？你觉得你身上有什么样的优势可以帮到你？下一次我们可以怎样改进呢？

CHAPTER 4

无论你现在的情况如何，你都拥有重塑你的生活和身边的世界、使它们更加美好的能力。每当你需要更多的时候，就可以得到更多。

——芭芭拉·弗雷德里克森

第四章

情绪与思维模式

用成长思维,转化固定思维

案例分享

咨 询 人：小睿，20岁
求助原因：因骨折事件造成的抑郁

（小睿因为参加篮球比赛摔断了腿，恢复阶段体重暴涨至220斤。情绪不稳定，脾气暴躁。脸上长出很多疙瘩。邻居反映每天夜里他家好像有火车经过一般噪响，发出巨大的呼噜声。父母说，这孩子以前很阳光的，虽然和父母不太能聊，但和同学有说不完的话，这次没见他主动联系过哪个同学。前两天还和爸爸大吵一通，脾气暴躁得很。）

咨询师：你在美国最快乐的事是什么？

小　睿：（愕然）嗯……没有。

咨询师：有一种感受叫福流，是描述"一个人在一段时间里会忘我的开心，不知道时间怎么过得这么快"这样的心情。你在美国的两年里有过这样的心情吗？

小　睿：如果是这种心情的话，那就是我策划的环游美国旅行时的心情吧。

咨询师：你愿意和我分享这次旅行吗？

小　睿：噢，我每年都会策划一次美国之行。我们终究是要回国的，所以打算利用学习之余的空闲时间走遍美国，了解这里的风土人情、历史文化，也不枉来美国一次。不是说"读万卷书，不如行万里路"嘛。从大一开始我就做了详细的计划，以我们学校为中心，计划四年内把东西南北四个方向的城市都走完，每次十五天。我会详细地安排路程和住宿，做好画路线图、租车、设计停靠点、挑选宾馆、谈价格、选择餐饮等等细节。我已经带队走两次了。

咨询师：讲讲最近的这一次经历好吗？

小　睿：好的。

（眼睛开始有光泽，发出亮光，脸上开始有生机，开始详细地讲述自己的经历，可以看出他相当自豪和兴奋。）

咨询师：通过这次活动，你发现自己有什么优点？

小　睿：我发现我很有策划和执行能力，另外也发现自己不太容易妥协，不太关注别人的感受。所有的行程由我决定，路上他们也会提出异议，但我很强势，不肯妥协。这一路走得还算顺利，我很自豪。

咨询师：评价一下你是什么样的人呢？

小　睿：我是一个很有爱心的人，可以为朋友两肋插刀，很有号召力。我有很多的朋友，他们跟我都很好。当然这是我以前认为的，受伤以后发现，一切都变了。

（提到受伤，他的脸色迅速暗淡了下来，眼睛垂下来看着地上，很落寞的样子。）

咨询师：能告诉我你是怎么受的伤吗？

小　睿：我参加学校篮球赛，当时准备投篮，对方有个人冲过来肘击我，我的双腿拧在一起，落下来时被身体压住就骨折了。后来队友们把我扶到医院，做了处理后把我抬回来，像抬英雄一样，还帮我借了轮椅。那个时候，我虽然受伤，心里还是很感动的……后来挫折就来了……

第一个挫折是我住在楼上不方便，想和住楼下的队友换一下。他挺不高兴的，可是迫于交情，勉强答应了。这事在我的心里有了阴影，感觉有什么东西好像在变化。

很快，我就体会到了第二个挫折，我的三顿饭由队友帮忙打回来，一天队友起晚了，当他把饭盒"咣"一声扔在桌上跑出去的那一刻，我愣住了，第一次意识到我把朋友之情想得太美好了。我突然开始自卑，我不再是那个强势的、不顾及别人感受的人了。

第三个挫折，我们的学校非常大，我拄着双拐走了两个半小时想去上课，可还是迟到了十五分钟，如果在国内老师一定会表扬我，可是美国的教授却说："你迟到了，说明你并不是真的想上课，建议你回去好好休息，不要再来了。"我又用了两个半小时回去。这一路，我的眼泪止不住，给父母打电话，让他们尽快把我接回去，这是我第一次向他们示弱。

从那一天起，我就再也没有出过宿舍，每天把轮椅摇到窗前，看着窗外，心里唯一的期盼就是父母快来接我走。后来我才知道，那时候我已经抑郁了。

我父母来接我的时候，我的指甲和胡须长得很长，头发已经三个月没有剪过。我妈看见我的第一眼就哭了。我很艰难地开口说："你们来了，我们快点走！"

我以为回家就会好，我把阴郁、焦躁的情绪带回了家里，家里的氛围也因为我变得越来越紧张，我不知道该怎么办？所以我想看看您能不能帮我。

（小睿一口气说了三十分钟。）

小　睿：（讲完后长长地出了一口气）这就是全部的过程。

（可以说小睿对挫折没有充分的思想准备，过往都是在表扬声中长大的。这次的事件对他来说是一个非常好的提升机会，可以让他真正成熟起来，是一个把坏事变成好事的开端。）

问题成因

- 阳光乐观的小睿经历了骨折，对同学之间的感情和友谊相继失望，又受挫于学校教授的态度，最终发展到了抑郁状态。
- 小睿和父母没有真正的连接，虽然非常爱对方，却不了解对方的内心世界，即爱不同频。

咨询结果

每一次咨询，小睿的脸上都能看出变化。经过三个月的咨询疗愈，小睿的变化很大：夜晚惊天动地的呼噜声消失了，失眠症也好了；父母反映他脾气平和了，还主动和父母分享自己的事情和想法，征求父母的建议；制定减肥计划，目标是恢复到160斤体重；制定学习计划，开始补落下的功课……三个月后，那个自信开朗的男孩又回来了。开学后回到学校的小睿，蜕变完成，按他的话说：我真正长大了！后来他通过微信告诉我，他竞选上了校学生会副主席。他终于从负面情绪中走出来了……

在成长中学习的必经之路

家长在成长中与孩子一起学习，可以成为非常棒的合作伙伴，可以共同规划、决策，解决孩子在日常生活中面对的各种问题。

孩子们虽然是顽皮的，可也是有趣的、好动的、开放性的，也有很多天马行空的好点子，他们渴望参与家中的大小事务，帮助家长出谋划策，共同学习。当你选择让孩子参与其中的时候，就意味着你相信两个人的智慧胜过一个人，因为这样得到的结果最有可能让大家都满意。

与孩子合作解决问题的一个挑战是：你需要放弃管理和控制与孩子生活相关的各种事情的冲动。你可以想"办法总比困难多""满足需要的方法比需要多"，这样就更容易让你放弃自己的掌控欲望，愿意跟孩子一起研究方案。

制订规则的时候，你要把目光放到全面养育孩子的各个角度上，不要单单聚焦在解决问题上,这样就会使用更加有趣和开放的方法找到解决方案。其核心是,让我们一起看看这个状况,看看每个人从中需要什么,然后我们一起想办法满足每一个人的需要。

我们鼓励父母为孩子提供机会,培养他们的合作能力,发现可以满足每一个人需要的策略,从而增强他们的自信心。为了练习这个技能并帮助他们走向成功,父母和孩子都要在成长中学习以下内容:

1. 学习处理发生的任何事情。
2. 学习很多可以满足内心需要的方式。
3. 学习找到有效的方法来合作。
4. 学习从无效的做法中总结经验。
5. 学习合作的方法,与伙伴一起寻找解决问题之道。

父母要知道,孩子成长的每一个阶段,包括青春期的整个过程,乃至成人以后,都需要学习新的习惯,创建新的体系,找到新的方法。帮助孩子学习和快乐成长,是父母毕生的功课,这个过程并不会因为你养育了多少个孩子而变得轻松。孩子的成长速度非常快,往往父母们根本来不及真正掌握他们学到的新技巧,孩子就长大了。如果有两个孩子的话,或许时间间隔非常短暂或者非常长,那么,父母要么来不及用新的技巧,要么早就忘记了自以为已经掌握的技巧。

当孩子不停地发生颠覆性改变的时候,你很难对这样的挑战充满信心,作为父母,你可能根本不知道自己想要传给孩子的那套东西是否传得下去,或者能否被他们接受。若想充满信心、成功地应对这种持续的变化,而不至于陷入自我批评和自我怀疑之中,就要与孩子共同成长。所以,了解孩子成长中的重要情绪尤为重要。

失望情绪与应对方法

失望情绪，应该是孩子成长过程中最令他们不开心的情绪了。比如，精心准备后参加了一场比赛，却被淘汰了，他会很难过，因为他很失望。

有时候，失望的结果是跟自己有关系的。比如，孩子考试考得不好，他可能心里会想：哎呀，我怎么这么笨，怎么就没考好呢？但有时候事情的结果，是没办法控制的。又比如，期待已久的夏令营，因为一场大雨取消了，他也会很失望，可是，他没有办法改变天气，对不对？

心理学家发现，当事情不如意的时候，我们往往会觉得原因是在自己，这样会对我们的心情有很大的影响。有什么样的影响呢？当孩子觉得错不在自己，虽然会很失望很生气，但不会沮丧太久。但如果孩子觉得错在自己的话，会比较容易沮丧，也比较容易跟自己过不去。

现在你可以问问孩子，这个错是不是你自己造成的？

如果不是，那就快点从失望的感觉里走出来。失望和任何情绪一样，是一种感觉，而这种感觉即便不好受也会过去的。你也可以让他做一些比较开心的事，比如听听喜欢的音乐，放松身心；或者玩一玩游戏，转移下注意力，不去想这件不开心的事情，逐渐让那个失望的心情平静下来。同时，你可以引导孩子多想想：下一次有没有什么办法让事情变得更顺利。

当然如果孩子觉得错在自己，那处理的方式就不一样了。

要引领孩子开始思索：如何对付这种失望的感觉呢？你说了或做了什么让自己后悔的事？对于这件事，你的自我对话是什么？有没有进行自我评判？

引导孩子多问问自己：是否在试图满足自己的什么需要？怎么样才能更加有效地满足这些需要？有没有什么需要已经被满足了？

引导孩子对自己发出请求：你现在可以做些什么满足自己的需要？

当父母愿意成为一个学习者，跟孩子共同成长，一起面对和解决问题，就一定可以圆满解决它。处理事情有很多方法，如果一条路走不通，可以尝试另外一条，直到找到合适的方式。教育孩子在实践中总结经验，认可自己取得的成功，愿父母和孩子们在成长中不断学习，积累经验，争取更大的进步。

没有失败，只有新状况

对于父母而言，规划孩子成长的每一个阶段，就面临着接受孩子新的变化。为每一个变化做万全的准备是不可能的，因此，在成长中学习是最合理的，也是和孩子同步成长所必需的。

在成长中学习，意味着父母要学习一个信念：无论发生了什么，你都能够处理，并相信事情总会解决。在成长中学习，意思是理解自己和孩子是一样的，都要把在生活中的学习作为基础学习。当你意识到办法总比困难多时，你就会释然。

事实上面对困难，我们总会有很多的解决方法。如果一个方法不奏效，可以选择另外的方法。在成长中学习，是要告诉每一个人，时刻要保持警觉，觉察关注每一个细节，用开放和接纳的心，而不是用评判的眼光去看待事物；在成长中学习，是要鼓励父母放弃那些僵化的思想，比如"我只能这么做""一定要赢，不能输"的思想；在成长中学习，就是坚守一个信念，那就是没有失败，只有需要面对的新状况。

作为父母，要意识到办法总比困难多，或者说满足"需要"的方法总比"需要"多。这样想就会更容易放弃对孩子的掌控，把眼光从问题和担忧中抽离出来，放到养育孩子的各个方面，就能够用更加有趣和开放的方法找到解决的方法。

人类的天性似乎总是喜欢关注负面情绪，所以，花一些时间去留意那些以你希望的方式发生的事情，是非常重要的。去感受自己的快乐、满足和开心，花些时间去关注这一部分，并让自己感受到这份快乐，庆祝这份快乐。这样就可以让你的收获，长久地留存在自己的记忆里，这是建立自信强有力的方式。

作为父母去分享那些非常有效的方法，是跟孩子建立真诚连接的好机会，花一些时间去倾听他们取得成功的感受，以及他们做了什么满足了自己的需要。

例如案例中的小睿，咨询师问他：你和你的父母分享过你在美国带领同学自驾游的经历吗？他说：没有。咨询师问：为什么？小睿说：可能我的父母并不关注这些，他们更关注的是我的考分，我有没有挂科，还有我的身体怎么样等等。所以小睿内心的快乐和难过，父母是不知道的，小睿的父母没有和孩子建立真诚的连接。

当父母没有办法持续地引导孩子关注自己的感受和需要的时候，就无法支持他们的内在驱动力，也没有办法指导他们用自己身上最突出的特点，来加强自己的内在力量。

当小睿内心孤独到开始出现自我批评、自我怀疑、自我惩罚的时候，父母已经无从插手。父母认为孩子是因为骨折的原因，却没想到是他的内心出现了创伤。小睿已经意识到自己消极的做法是错误的，但是没有办法让自己从情绪中走出来，他也试图修补或者调整，但感觉很无力，内心的驱动力已无法调动。

应试教育与过度教养

斯坦福大学讲师丹尼丝·波普认为,在美国基础教育学校流行的,是所谓的应试教育心态。在这种教育方式下,孩子的行为方式和机器人如出一辙,知识以指令的形式进入他们的大脑,他们直接把知识照搬到家庭作业、学校考试及标准化考试之中。

2002年美国联邦政府颁布了《不让一个孩子掉队(简称NCLB)》的法案,进一步加剧了波普在2001年提出的"应试教育"心态,却没有促进培养思想者所需要的职业素养和专业技能。

丹尼丝·波普的研究显示,孩子们在把学习当作一件事来做,即"做学",但并没有真正在学习,这种状态让他们经历了巨大的压力,而这种压力却具有心理破坏作用。为了得到好的分数、好的成绩,或者只是为了完成所有的家庭作业,孩子们采取了一种"管他要付出什么代价"的豁出去式心态。丹尼丝·波普认为,如果家庭作业能让学生们更深入地学习、了解知识,那就有价值;如果只是把他们搞得忙忙碌碌,沉浸在"做"当中,那就毫无意义。

在目前内卷盛行的教育环境中,家长们的过度教养比比皆是。这种状态下,许多孩子主要是复述学习内容,但并没有真正地学知识,因此可以说他们并没有真正理解学习的内容,也没有掌握解决问题的能力。除非别人明确地告诉他们要怎么说、怎么想、怎么做,以及说什么、想什么、做什么,否则他们什么都不懂,需要别人帮他们思考,他们只愿意复述家长、老师和书本里的话,而不愿意接受来自其他方面的挑战,打破固有的思维方式。

父母的哪些做法容易过度教养?

第一类，父母觉得自己是孩子的保险杠和护栏，总在过度保护，为他们评估风险，告诉他们如何过马路安全，可以吃什么，不可以吃什么，不让他们爬树或使用危险工具。

厌恶风险，不管是户外活动，还是上学、放学，希望孩子随时出现在自己的视野范围内，并且告诫他们不要和陌生人说话。总是称赞孩子、评判孩子，当老师发现孩子不达标时，就会站在孩子一边，帮孩子将每一点都努力做到完美。

第二类，父母总是指挥孩子，告诉他们可以玩什么、学什么、追求什么，以及达到什么水平，甚至包括哪些学科值得学，学什么专业以及未来要从事什么职业，总是为孩子解决问题，塑造他的理想。

第三类，父母总是手把手地帮忙，替孩子去找老师和学校评理，充当孩子的保姆，负责他们的生活后勤工作。不仅检查纠正他们的作业，而且修改他们的作文，或者干脆替他们写。

从本质上来讲，过度教养就好比我们钻进孩子的大脑并驻扎在那里，孩子们在演绎着傀儡人生。父母以自己的思维替代孩子的，警惕着一切可能的危险，尽心尽力地保护着他们，并认为这样做就是对的，是正确的爱孩子的方式，并希望以此来确保孩子们"成功"。而结果却是，孩子们没有独立思考和学习能力，解决问题的能力也很弱。

成长型思维 VS 固定型思维

全球有一项非常有名的研究，叫"国际学生能力评估计划"（简称 PISA）。其 2018 年研究数据显示，中国孩子在阅读、数学、科学三项关键能力素养上的平均成绩为全球第一，但成长性思维却低于平均分。研究结果表明，中国学生更追求表现性目标，而不是成长性目标。

表现性目标：为分数，为表扬，为表现而确定的目标。

成长性目标：为享受学习或事情的过程而设的目标。

成长型思维助力于成长型目标，到底什么是成长型思维呢？想了解成长型思维就要先了解孩子学习的动机，他是因为兴趣而学习？还是为了奖励而学习？

成长型思维模式测试

1. 你什么时候觉得自己最聪明？

    a）当我以最快的速度完美地完成某件事的时候。　　　（　　）

    b）我长期努力解决的难题终于有了眉目的时候。　　　（　　）

2. 什么时候你感到失败？

    a）当我一件事没有做好的时候。　　　（　　）

    b）当我没有进步，做这件事没有比上次做得更好的时候。　　（　　）

3. 你什么时候觉得自己最成功？

    a）某件事对我来说轻而易举，而别人却无从下手的时候。　（　　）

    b）对于某件很难的事，我以前根本没法完成，但经过一番努力，我最终可以做到的时候。　　　（　　）

4. 一次考试说明什么？

    a）说明这个人的智力和能力。　　　（　　）

    b）说明一个人的一次表现。　　　（　　）

以上选择题，一个是成长型思维模式（大部分选项是b），一个是固定型思维模式（大部分选项是a）。成长型思维的人相信他的基本特质是能通过决心、努力、正确的方法而不断发展的。固定型思维的人相信他的基本特质（比如才智、能力和智商）是固定不变的。

科学实验表明，神经是有可塑性的。许多人以为大脑在成年后就不会变化了，科学实验却证明大脑一直在变化中，老年人依然可以通过学习改变大脑与神经元。神经元之间可以产生新的连接，也可以失去旧的连接。如果两个神经元经常一起激活，它们之间就可以形成新的连接；如果两个神经元很少一起激活，它们之间的连接就会削弱乃至断开。所以只要不断地学习和努力，你就会改变大脑。

— 家长大课堂练习 —
思维测试

下面两句常用语中，哪个是成长型思维模式？
1. 你真聪明（　　）
2. 你真努力（　　）

思考： 这两种将会决定孩子一生的思维模式，家长们越早掌握越有利，因为它是可以帮助孩子成才的重要概念。

提示： "你真聪明"的背后，更关心对错。"你真努力"的背后，更关心学习知识。

具有固定型思维的人，为了让自己看起来更聪明，对待困难容易轻易放弃，逃避挑战，忽视所有负面的意见。别人成功，他会妒忌，害怕别人的成功会威胁到自己。其事业发展可能很早就停滞不前，无法发挥他们全部的潜力，这一切使他们形成一种先天决定论的世界观。

具有成长型思维的人，因为希望不断学习，所以勇于接受挑战，在挫折面前不懈奋斗，把努力视为必需的途径，从批评中学习，从别人的成功中吸取经验并得到鼓励。这一切让他们更充分地感受到自由的力量，不断攀登人生的高峰。

如果你的孩子像案例中的小睿一样，也经历着一些身体和情绪的困扰，身为父母，一定要懂得情绪问题是不可度量的，它隐藏在身体的深处，比身体疾病还要可怕。所以父母学习一点心理学还是很有必要的，尤其是了解成长型思维和固定型思维，会让自己和孩子少走很多弯路。经常参加一些亲子课程，学习最新的亲子知识，你和孩子的关系会更和谐。

训练孩子的思维能力

父母要承担起"教孩子思考的方法"这一任务，要培养孩子自己想办法完成任务的能力，而不是机械地处理信息，父母可以改善和孩子谈论学习内容、生活经历以及做决策的方式。

哈佛大学法学院曾经使用苏格拉底式的教学风格，即"把事情搞清楚"和"把知识应用到新情况"中。这是一种尝试加证实的方法，不同于死记硬背，也不同于由别人告诉你如何解决问题，什么才是正确的答案或者应该相信什么，这种方法可以使人对事物有更真实的理解。

等孩子自己搞清楚了问题、概念、思想以后，就可以谈论事情产生的原因和方式，而不仅仅是谈论其存在的事实本身，并且可以将学到的知识应用到新的情况中。

华德福学校和蒙台梭利的老师都曾经使用过"持续提问方法"，来帮助孩子理解信息或做出决定，还可以帮助孩子自己把事情搞清楚，而不需要父母提供信息和答案。教育家福克斯说：你只要就一个问题问孩子五个"为什么"，就可以帮助他们达到对事情反思的目的。我们把这种方法称之为"持续提问法"，下面是使用持续提问法的案例。

案例 1　父母如何与初中生交谈

初中生仍然是我们眼中的小孩，但他们正在迅速地成长。我们把他们称为青少年，就是承认这个年龄介于两个阶段之间，他们需要我们参与他们的生活，希望对他们的生活感兴趣，但如果我们过分关注，他们又觉得很反感，很快就会关闭心门。

【对话 1】

父母：今天学校情况如何？

孩子：还好。

父母：外语考得怎么样？

孩子：很好。

父母：太好了。

父母关心的是成绩，而不是孩子在课堂上学的东西，或者孩子感兴趣的东西。

【对话 2】

父母：今天学校情况怎么样？

孩子：还好。

父母：你今天最喜欢上的是什么课？

孩子：外语。

父母：太好了，为什么？

孩子：这是我最喜欢的课。

父母：为什么？

孩子：总是考得很好，作业做得很轻松，从来没有听不懂的地方。上课我会举手，也经常会被老师点到。特别是别人不懂的地方，我却懂，这让我感觉自己很棒。

父母：你怎么知道你最擅长这门课呢？

孩子：老师讲解的时候，我能猜出他要说什么，因为我已经知道是怎么回事了，知道接下来的内容是什么。

所以，父母要学会不断问"为什么""怎么回事"，以帮助孩子知道自己喜欢一门功课是怎么回事。正如谈话所展示的，我们真正希望的是孩子能清楚地知道自己是怎么回事。

案例2　父母要学习与高中生交谈

高中生的内心世界情感激荡，因为他们受到荷尔蒙的刺激，他们对自己来说都是一个谜，更别说父母了。如果你想询问高中生一天的情况，通常会得到一个很简短的回答——还好。作为父母，我们渴望了解更多信息，也希望帮助他们了解学校和人际关系，这样他们就可以形成对自己、对他人和对世界更深入的认知，做出更好的判断和选择。

与高中生交谈，要超越与初中生交谈的单字回答，我们要针对他们的话语，反复地深思熟虑，问"为什么"和"怎么回事"时要有创意，直到了解他们的经历或学习的要点。我们要向高中生证明，除了关心他们的课业和成绩之外，我们对他们本身也很感兴趣。

【对话1】

父母：今天学校情况怎么样？

孩子：还好。

父母：有什么作业？

孩子：有很多，数学、化学、英语、语文……

父母：我以为你喜欢学语文。

孩子：是啊，我是喜欢，但不意味着我愿意写一篇难写的论文。

父母：得了，你写得出来的，你是那么喜欢语文的。

孩子：可不是那么简单哟。

父母：我知道，但是你很聪明啊，我只是希望你更有信心，相信自己能写出来。

孩子：我只想完成任务就好了。

家长先是以自己的想法来代替孩子的想法，然后试图用自己的观点帮助孩子建立自信心，而不是让孩子感觉到他的能力可以自由发挥。

【对话2】

家长：今天学校情况怎么样？

孩子：还好。

家长：你最喜欢什么课的内容？

孩子：噢，我们读的英语故事。

家长：有什么好玩的吗？

孩子：我们大声朗读，然后角色表演。

家长：怎么样？

孩子：挺酷的。

家长：为什么？

孩子：因为我喜欢我扮演的角色。

家长：你为什么喜欢自己那个角色呢？

孩子：我也不知道，也许是因为里边故事的内容？

家长：什么意思？那是什么样的故事内容呢？

……

家庭谈话从孩子粗略的感觉发展到"为什么喜欢"的话题，这样微妙的变化，有助于孩子参与讨论，更有助于完成作业。

父母的榜样作用

如果我们跟孩子一起走他们的路，或者帮他们走路，那我们不仅剥夺了他们形成自我效能这一基本需求的机会，也失去了继续构筑我们自身通道的机会。如果你曾经把孩子的成就误认为是自己的成就，把孩子的幸福当成是自己的幸福，把孩子的生活当成是自己的生活。就算这种颠倒混乱的状况只是偶尔发生，你也要了解，即使你已经做了父母，你仍然很重要。你必须确保走自己的路，不仅是为了你自己，也是为了孩子。孩子们认为父母是他们的英雄，他们对父母的尊敬超过生活中其他的成年人，因为父母是他们最好的榜样。

然而当孩子们仰望我们的时候，我们会为他们所看到的这个"我们"感到自豪吗？你呈现给他们的是什么样的形象呢？疲惫、烦躁、忧虑、恐惧，总盯着手机或电脑，只关心孩子的作业有没有完成，成绩怎么样……如果我们是以这样的形象出现在他们的生活里，还对自己的感觉良好，我们到底有没有发挥自身的优势？我们的价值观如何？我们和别人的关系处得如何？孩子们看得一清二楚。

父母不应该向孩子们展示自己的主要目的和功能就是守住他们，参与他们的交往和活动，而应该通过我们自己的选择、我们所进行的活动以及我们重视的原则，来向他们展示什么是成年人的生活。父母要为自己生活中最真实的东西留出足够的空间，这至关重要。为了成为好的榜样，我们需要把自己放在第一位。许多母亲可能不认可这个说法，她们会为此感到纠结。因为我们从小就被教育，要把别人的需要放在自己的需要之上，但往往发生最坏的状况时，一定要先保证自己的安全，再去帮助别人。

如果父母关注这三个非常重要的因素，就可以帮助你的孩子更好地面对成功，提升幸福感：

第一，榜样的力量。身为父母，需要做到言传身教。你要洞察自己对人生目标有多少热情和建议，接着你要调整你的教育方法，鼓励孩子模仿并超越自己，锁定更远大的目标，给孩子更多的信任和支持。

第二，活动的锻炼。通过校外活动或其他公益活动，可以培养孩子的感恩心；通过参加不同的社团，可以改变孩子的性格，磨炼孩子的意志。在许多课外活动中，要把游戏和挑战结合在一起，关键在于要坚持投入和坚定向前。可以选定一两个课外活动，如篮球、足球、钢琴等等，都至少要坚持一两年才能看到效果，不要太频繁地参加各种活动，这样太分散精力。

第三，组织文化的影响。我们和孩子都生活在社会里，沉浸在各种组织文化中，受其影响。比如，想变得更加坚毅，就要进入非常坚毅的文化之中去陶冶。

― 家长大课堂练习 ―
父母真的长大了吗？

请家长们试着问问自己：
1. 你的内心真的是一个成年人吗？
2. 你有没有照顾好自己的基本需要？
3. 你会不会为自己着想？
4. 你工作得开心吗？
5. 你的业余时间如何放松？
6. 作为父母，你的抗挫折力如何？
7. 你规划好了自己的人生之路吗？

思考： 你除了孩子以外，关注自己的人生吗？例如爱好，梦想……
提示： 这些都是成年人应该具备的特点。

对子女进行过度教养的父母，大概都有一个共同的特点：为自己着想的能力不稳定。也就是说，有时他们会被他人的看法和意见席卷了自己的生活。所以他们经常会心力交瘁，没有时间放松和享受，也无法照顾自己的基本需要，从而经常处于挣扎期。如果你的关注点都放在追赶别人的生活方式，或者是把孩子的生活当作自己的生活来过，那你自己就会无路可走。

如何通过照顾好自己，成为更好的家长？怎么能找回自己，成为你真正想要成为的那种人呢？

马丁·塞利格曼教授在一次演讲中说："成年人，你要发现你的激情和目标，并规划自己的人生道路。"作为父母，如果你过度关注孩子，那有可能对自己的关注度就不够。如果你把他（她）当作你的激情，让他们为你的生活带来满足感。那你就是让孩子扮演了一个非常不牢靠、不健康的角色，因为孩子并不想承载你的激情。你可以为孩子们感到骄傲，也可以支持孩子的兴趣，但也要找到你的激情和目标，为了孩子和自己一定要这样做。

许多父母可能在想，我的爱好是什么？我的人生要怎么过？我的价值观在哪里？你可以试着这样做：

1. 寻找自己的爱好，不要什么都为了孩子。

2. 学会说"不"。很多过度教养的父母有许多事情要做，参加学校组织的会议、家长会、志愿服务、各种活动、各种课外班等等，而你要试着在里边遴选出你觉得很重要的五件事。不要什么活动都参加，面带微笑，勇敢地、用肯定的语气说："对不起，这次我参加不了。"

3. 关注和投资自己的身体健康。如果身体状况和情绪不好，那我们帮助别人的能力就会很小。作为父母，要有自己喜欢的运动方式，瑜伽、冥想、打坐等等。当你重拾自己的兴趣爱好时，会发现很多事情都变得井井有条。

4. 为建立关系而腾出时间。哈佛大学精神病学专家乔治·范伦特主持过一项历时最长的人类经验研究项目，就是著名的"哈佛格兰特"研究。研究发现，在研究对象生命终结之时，生命中唯一真正重要的是自己和他人的关系，而且范伦特认为"幸福等于爱"。如果你处在关系中，那么你给予这种关系足够的注意了吗？每一天结束时，你会看着对方的眼睛，让他知道他对于自己的重要性了吗？你有花点时间交谈和倾听吗？乔治·范伦特阐述的这种爱不一定是情侣之爱，与父母、朋友、邻居、孩子和其他亲人也可以彼此相爱。范伦特表示，重要的是"有能力建立和谐友好的关系"，与他人和谐友好的关系能带给我们良好的自我感觉，并促使我们将注意力集中在对我们最重要的事情上。

5. 调整金钱与自己的关系。要学会审视自己的财务状况，根据家庭的财务状况设定财富管理目标。

6. 适时地向别人表达善意和感激。对别人释放善意，不费多少时间，而且利人利己。主动地为别人拉开门帘，看到别人的东西掉在地上，及时提示……这些都是对别人表达善意的方式和举动。所以当别人也这样回报你的时候，你会觉得这一天变得更美好、更轻松。稳定你的情绪，善意和感激对我们的幸福至关重要。

善良与乐于助人的人活得更长久、更健康，身体疼痛的感觉更少，不容易焦虑和抑郁。如果你试着记下每一天令自己开心感激的事，几天以后你会发现身体的疼痛状况减少了。当你向别人表达善意，你也会注意到，别人也在对你表达善意，所以你要把你的感激之情表达出来，长此以往会增加人生的幸福感。

积极正面的心理暗示

有 个比较有趣的克拉特心理试验，实验过程是这样的：心理学家将一只小白鼠放到一个巨大的水池当中，借此来观察在危险情况下小白鼠的行为。这只小白鼠落入水中，它并没有马上游动，而是转着圈发出"吱吱"的叫声。它的叫声传到水池边沿，声波就会反射回来，被鼠须探测到。因为鼠须有着探测方位的作用，小白鼠便以此来判定目标的大小、方位和距离。只见这只水中的小白鼠尖叫着转了几圈以后，便朝着一个选定的方向奋力游过去，不一会儿它就游到了岸边。

后来，心理学家又选了一只小白鼠，将它的鼠须剪掉。只见这只小白鼠同样转着圈子发出"吱吱"的叫声，但由于鼠须被剪，无法测定到方位，它不停地转着、叫着，但依然无法测定方位。不一会儿，这只小白鼠就沉到水底淹死了。

它为什么会死亡呢？心理学家是这样解释的：由于鼠须被剪，小白鼠无法准确测定方位，这样一来，它的脑子里就会出现四处都是水的情景，认为自己无论如何也游不出去。在这种情况下，小白鼠就停止了努力，强行结束自己的生命。就是说，小白鼠在沉入水底之前就已经死亡了，是它内心的绝望杀死了自己。

心理学家将这种现象叫作"意念自杀"。所有动物在生命彻底无望的前提下，都会强行终止自己的生命。人类虽然是高等动物，但是在太多负面消极的心理暗示下，也会越来越绝望，慢慢失去信心和积极面对的勇气，这和试验中的小白鼠如出一辙。

所以，我们在日常生活中，一定要给孩子积极正面的心理暗示，而避免消极的心理暗示。很多孩子的焦虑本来并不严重，但在长期消极的心理暗示下，可能会雪上加霜，越来越重。

帮助孩子走出焦虑沮丧的方法，一般分为六个步骤：

第一步，父母需留意和反思：自己是否经常使用"应该"或者"必须"这样的字眼，令自己或孩子产生了焦虑？

第二步，分析自己或孩子是怎么判断结果的？是否与自己的深度"需要"相连接了？

第三步，想起这件事时，你或孩子的呼吸是什么状态？

第四步，静下心来看看是否还想到什么？

第五步，想想可以满足自己或孩子深度"需要"的方法。

第六步，回忆你和孩子共同经历的快乐的时光。

— 家长大课堂练习 —
走出旋涡

请家长们试做一下：

1. 帮助孩子回忆最近令自己沮丧焦虑的事。请爸爸妈妈花些时间了解孩子焦虑和沮丧的感受，协助孩子走出失望和难过的情绪。
2. 问问他，上一次的事件如果你有错，错在哪儿？（很重要）
3. 下次要如何改进？帮助孩子写一个反省日记，再做一个计划书。（非常重要）

思考： 请父母用走出焦虑沮丧的六个步骤带着孩子走出负面情绪。

提示： 如果没有新的计划，你就会一直卡在自己出错的地方，就像电影在放映某一个片段时不断重复，这会让你的心情很糟，所以你要有一个下一次能够做得更好的计划，这个计划会帮助你化解失望的情绪。

CHAPTER 5

> 如果你正在经历地狱或折磨,不要放弃,继续前行。
>
> ——温斯顿·丘吉尔

第五章

情绪与主观体验

重塑孩子性格,培养心理韧性

案例分享

咨 询 人：小云，22 岁
求助原因：内在情绪冲突

小　云：老师，我的心里总是有一股愤怒的情绪，而我经常无法克制它。我酗酒、抽烟、赌博、去酒吧，努力发泄我的情绪。可是无论怎样发泄，我的愤怒却依然存在。有的时候，我感觉好像缓解了，可是等酒劲儿过了，烟瘾过了，这种莫名的情绪又会涌上心头，令我非常焦虑。

咨询师：这种情绪从什么时候开始的？

小　云：高二的时候吧。

咨询师：当时发生了什么事情？

小　云：我是在初二的时候被父母送到了爷爷奶奶家，他们不让我回家，也很少来看我。反正在家时，我也是和阿姨在一起，而且寒暑假也是在爷爷奶奶家过的，所以我也无所谓。爸妈跟我说他们工作很忙，会经常不在家，让我安心在爷爷奶奶家住着。

高二那年，有一天我回家去找东西，才发现我多了一个弟弟，他已经三岁了，而我竟然一点都不知情！我当时就崩溃了……原来他们两个不是因为工作忙不来看我，而是因为有了弟弟，我成了多余的一个人。

高中毕业我没有考上大学，父母就把我送到了一个二级学院，并且给我办了寄宿，这一待就是四年。寒暑假时我就回爷爷奶奶家，我也不想回那个冰冷的家，那是他们的三口之家，我一直装出一副无所谓的模样。

大学毕业以后，我的父母没有经过我的同意，直接给我办了出国，他们就想把我送得远远的，不回来才好。

现在我发现我的心态出了问题，我看不了别人幸福的样子。如果有同学谈恋爱了，我会千方百计地破坏，让他们分手，我看到他们痛苦就很开心。如果我发现老师对某一个同学很偏爱，会想方设法地说他的坏话，让他受到打击，这样我的心理才平衡。我不喜欢看到别人穿得比我好，长得比我好，比我幸福，比我开朗，这些我统统都受不了…

我讨厌我的父亲，可是我发现自己找的男朋友很像他。我讨厌我的妈妈，可我发现自己很多为人处世的方式反而越来越像她。许多同学不喜欢和我交往，他们讨厌我。也有同学表面上好像和我很好，可是当我找他们借作业，他们都推三阻四，觉得我是个坏孩子。我也讨厌我自己，也觉得自己像个坏孩子。

老师请你帮帮我，我怎么才能控制住自己的愤怒情绪？怎么能管住我的"心魔"？

（小云的父母及整个家族都有重男轻女的观念，小云想要从父母那里得到除了钱以外的其他东西：爱、关心、关注、微笑、赞美，还有一句解释或一个道歉。）

问题成因
- 小云的父母一直用钱来代替爱，认为给钱了，就是尽了父母的责任。
- 小云对父母及家庭爱的匮乏，导致她产生对他人的报复心理。
- 从小云找的男朋友像爸爸这一点可以看出，其实她还是爱爸爸的。小云的口气像妈妈，可以看出，她还是想要有家的归属感。

咨询效果
咨询师通过六个月的咨询和干预（面授/视频），最终：
- 小云与父母达成和解，从内心开始接受弟弟的存在。

- 小云开始参加学校社团公益活动,人际关系开始向好的方向发展。
- 小云会有意识地转化自己的负面情绪,情绪基本稳定。

只是小云要改变自己的行为态度还需要一点时间,需要勇敢和坚持,还要有坚定的信念,形成好的心理构建要比形成坏的心理构建慢得多。相信坚强的小云会成为一个阳光、快乐的女孩。

何为黑暗人格?

在心理学中,曾经有学者提出"黑暗人格"这一概念,用以代表那些与普通人不太一样的人群。当时学者采访了两千五百个人,通过他们对身边黑暗人士的描述,总结出黑暗人格普遍存在的黑暗因子:

1. 极端考虑自己的私利。
2. 不考虑甚至轻易可以牺牲他人的利益。
3. 能轻易为自己的行为找到他们自认为正当的理由。

拥有黑暗人格的人群和普通人不太一样。他们缺乏同理心、同情心,不会因为对你的攻击而感到歉意。

有一个非常有名的实验,叫"电车难题"。在这个实验中,一些心理变态的人和一些普通人,一起参与解决电车难题。题目是,一个疯子把五个无辜的人绑在了电车轨道上,此时一辆失控的电车正朝着他们驶过来,那五人马上就要被碾压。在电车和他们中间有一座天桥,而你就站在天桥上,而且旁边有一个身体特别高大的人。要想救那五个人,唯一的办法是把你身边的这位路人推下去，阻止电车继续前行。你会怎么做？

简简单单的一道题目，让很多人都陷入了沉思，因为这是死亡与人性的较量。虽然希望救下更多的人，但一想到要亲手把身边的人推下去，正常的普通人就难以忍受，因为这是赤裸裸的攻击和谋杀。然而，并不是所有人都这样想。对于心理变态人群来说，他们则更愿意推下这个人，换取更多人的生命。

学者在实验过程中，用仪器扫描了所有参与者的脑区激活情况，发现电车难题会激活普通人的杏仁核等情感区域，使他们产生同理心，不会亲手把一个人推下去。相反，心理变态人群的脑区却没被激活，说明他们不会产生这一类情绪，进而倾向于选择把身边的人推下去，以阻止电车继续前行。

大量的研究也发现，变态人群在很多情况下是大脑出现了问题，脑部区域存在损失，影响了正常的情绪调节，这可能是天生的，也可能是后天造成的。

毋庸置疑，一些环境因素会让我们表现出过高的攻击性，但同时，环境也会让原本内心住着恶魔的人变得和善。这跟童年的生活环境和经历有非常紧密的联系。在童年时期，如果从家庭获得了很多的关爱和善意，那成人之后，哪怕有一些让他冲动的状况，他也会及时克制自己。

有些人即使有暴力基因，大脑与常人不同，可是如果周围的环境充满了爱和善意，他也可能会努力避免出现心理崩塌。所以，我们无法决定自己的基因，无法有效治疗受损的大脑，唯一可以改变自己的是环境。

当发现身边的人，可能是黑暗人格或者是变态人群，特别是可能或者已经对你和他人造成了伤害，不要想着用爱感化对方，寻求专业的治疗才是最好的方式。有些人绝对不可能靠我们的苦口婆心，或者他们的良心发现，就能改正。他们必须要接受正规的治疗，才能好转，但不一定都会彻底治愈。

愤怒情绪与被动攻击反应

案例中的女孩小云，因为父母的忽视造成了她的黑暗人格，一旦别人比自己优秀或被赞扬，她就会产生妒忌心理，进行攻击和破坏，造成了别人对她的反感和她对自己的厌恶。

环境对每一个人有着很大的影响，当小云离开了熟悉的环境，或者说离开了让内心黑暗的环境，她开始想转变，想脱胎换骨。当然这需要一段时间，要先从改变脾气入手，加强包容心和爱心。

因此，家长们要主动帮助孩子及自己选择好的环境，多和正能量的人相处，力争在舒适美好的环境里办公，与积极善良的人在一起生活。与人为善，多做助人的事情，让自己感到被爱、被支持，更加开心幸福地生活。

本章案例中小云发现，有的同学在日常生活中，明明不喜欢她，对她的行为感到很生气，却从来不直接说出来，反而通过一种微妙的、不作为的、被动的方式，来悄悄表达自己的愤怒。在心理学中，这种故意隐蔽地表达愤怒的方式，被称为"被动攻击"。

与主动直接的冲突反应相反，被动攻击反应可能表面上看着和和气气，但实际上往往用不回应、故意拖延的手段来发泄自己内心的怒火。打个比方，有人通过微信发信息请你帮忙，不过语气不太好，你感觉很生气，但又不好意思直接发飙，所以你就故意不回微信，晾他半个小时。这种做法似乎很常见，好像真的可以宣泄愤怒。但为什么被动攻击是一种不成熟的自我防御呢？因为它不可能从根本上解决问题。

美国著名的心理医生贝弗莉·恩格尔认为，愤怒情绪是一种正常合理的情绪，承认并理解自己的愤怒，可能是人生中用来成长的一门好课程。她认为，愤怒这种情绪对每一个人来说或许不是问题，而是一件好事，是一种强大而且健康的力量。因为我们感到愤怒生气，往往意味着自己受到了不公平的对待，抑或是对现在的环境不满意。这时，愤怒恰巧就是一个提醒，提醒我们要对不公平的情况保持警惕，提醒我们需要做点什么来改变这个现状。然而，当我们以被动攻击的方式来表达愤怒时，对方往往不知道我们生气了，所以，他们也不会改变。

更为严重的是，被动攻击会让对方愤怒，破坏彼此的关系。在很多时候，对方没有意识到自己的做法有问题，所以他也不会发现你生气了。你的被动式攻击，会让你的行为特别消极。长此以往，会让对方沮丧懊恼甚至变得愤怒，给彼此间的关系带来严重的危害。更有甚者，会形成恶性循环，导致压力事件反复发生。

这里，我归纳了一些孩子典型的被动攻击行为，家长们可以了解一下。

1. 否认自己愤怒——"我挺好的，没关系"。

2. 口头上答应，行为上拖延——嘴上回答说"好好""马上"，但就是不动。

3. 停止对话，拒绝交流——"好！你说的都对！"

4. 故意效率低——"我的确是在做，但我没想到你要让我这么快完成。"

5. 故意忘记重要的事——"我忘了今天你过生日，我忘了还有这件事。"

6. 逃避责任——"我认为这是他的事。"

7. 故意设障碍——"你这么做不对，有很多问题（但我就不告诉你怎么做）。"

那么，究竟为什么有的孩子会被动攻击，而不是主动表达自己的愤怒呢？他们到底发生了什么事？

这些孩子往往有不被接纳的童年。他们小的时候，如果父母一方过于严厉，或者双方都很严厉，经常打骂、责罚孩子，给孩子造成一种敌对的感觉，那么孩子就不会也不敢表露内心的沮丧和愤怒，因为这可能会招来父母更严厉的惩罚。

除此之外，很多父母不允许孩子表达负面情绪，因为那不是他们想看到的，他们希望看到孩子积极阳光、待人和善，不要动不动就发脾气。在这样的教育下，很多孩子长大后，不是不敢表达愤怒的情绪，就是不愿意直接说出来，他们学会了如何通过一些隐秘的行为来发泄自己的不满，因为他们害怕正面冲突。

很多人认为，与他人产生正面冲突是一件很可怕的事，因为这可能会破坏彼此之间的关系。所以很多的时候，我们不敢在任何场合直接表露自己的情绪，特别是愤怒。而负面消极的情绪并不会自动消失，如果它一味地受到压抑，无法发泄出去，我们的内心就会很不舒服。这个时候，既然不能发生正面冲突，那极有可能会采取被动攻击。比如，不配合对方，故意把对方的事情安排在最后，在过程中搞一点小动作等等。

他们不敢反抗权威者，比如老师、父母、老板，因为这些权威人士对很多人来说都比较专制。于是，我们虽然因为一些事情而感到愤怒，但也不敢把生气的表情挂在脸上，否则老师有可能给你打低分，父母有可能痛打你一顿，老板有可能扣你的工资或者给你穿小鞋报复你……表达愤怒的成本太高了，所以很多的人就会采取被动攻击，既不让你抓到把柄，又能安抚自己的愤怒。

在生活中愤怒的事情很多，这是特别正常的现象。但被动攻击别人不仅不会解决问题，甚至还可能破坏彼此间的关系。所以，我们需要先回忆一下，自己是否有过被动攻击他人的经历。

— 家长大课堂练习 —
我会悄悄地改变

让孩子试做下面的判断题：
1. 你有过虽然很生气但否认愤怒的时候吗？　　　　　　　　（　）
2. 你有过憎恨老师的时候吗？　　　　　　　　　　　　　　（　）
3. 你有过故意拖延父母的要求，但又找很多借口的时候吗？　（　）
4. 你有宣称自己是忘了或者误解了对方的意思，其实是故意的时候吗？　　　　　　　　　　　　　　　　　　　　　　　（　）
5. 你有故意让别人等着，就不处理他的事情的时候吗？　　　（　）
6. 你有故意采取冷战的策略吗？　　　　　　　　　　　　　（　）
7. 你有故意结束对话，拒绝沟通的时候吗？　　　　　　　　（　）
8. 你说过"好，都是你对！我不说了"吗？　　　　　　　　（　）

觉察并接受愤怒

对于被动攻击的自我疗愈，第一步就是要学会觉察自己的愤怒，并且尝试接受它。

愤怒并非问题，而是一种提醒。当我们愤怒时，可以思考一下到底是什么让自己如此生气。是对方的不尊重，还是没有征求你的意见，剥夺了你的权利？又或者说对方太过优秀，自己产生了嫉妒，心里恼羞成怒了呢？不管是哪一种，都可以正视。愤怒可以让我们对自己有更深刻的了解。

其实，要想立即放弃被动攻击的行为模式并不容易，毕竟自己已经养成习惯了。虽然不会直接表达出愤怒的情绪，但依旧可以尝试信任别人，表露负面情绪。大量的心理学研究发现，当我们可以真诚地和别人表露自己的感受时，不仅不会损害关系，反而会促进彼此的情谊。但前提是不能用吵架的形式，而是要真诚地表达感受。

可以问问孩子，如果身边的人经常用被动攻击来对你，你会怎么办？如果你身边有人很久不回你消息，故意忽视你的要求，经常忘记彼此的约定，总是把责任推给你，认为不关自己的事儿，你会不会生气呢？

首先，你要教孩子识别这种行为模式，寻找背后的原因。对方可能是在悄悄生闷气，这时对他同样采取被动攻击，解决不了问题。

接下来，教孩子学习正确的做法以表达不满，设置边界和底线。可以告诉对方，你这样被动消极的行为让我很生气，没办法接受。同时设置清晰的边界，在学校里、团体合作中，明确自己的分工，清晰他人的工作范围，以免模糊彼此的边界。

英国浪漫主义诗人威廉·布莱克曾经写道：

我对朋友充满愤怒，说出来了，愤怒便戛然而止；我对敌人充满愤怒，未曾表达，愤怒却越来越甚！

有时候直接表达愤怒很难，但我们要尽可能教孩子避免对别人被动攻击。因为这会影响日常的人际关系，也会破坏亲密关系。所以，不管是被动攻击别人的人，还是受到被动攻击的人，都要尝试说出内心的愤怒，这是最好的办法。

被动攻击在家庭中很常见，尤其是青春期的孩子们，经常对父母采取被动攻击来表达自己的愤怒。所以，父母和孩子经常沟通、相互关注和给予，是彼此增进感情的重要途径。

给予和接受礼物

父母想和孩子有亲密的联系,就要学会相互给予和接受礼物的方法和技巧。给予是人类的基本需要。孩子有为父母以及整个家庭的幸福奉献自己的需要。为此,作为父母,要激励这种给予的精神,帮助孩子明白他们需要分享什么,以及用什么方式分享,才能够被更好地接受。

孩子即使在很小的时候,也有和父母分享的能力,这种能力令他们非常惊喜和愉悦。父母要学会辨认孩子送你的礼物,学习用感恩的心接受这些礼物的技能。孩子来到父母的生命里,会时时刻刻地提醒父母,生活是多么生机勃勃和多姿多彩。

这个世界对于孩子来说,就像一个大大的实验室,他们就在这个实验室中极其认真地探索、求知。请父母跟他们一起做实验,并向他们学习,因为孩子能够唤醒你对生活深刻的热爱。孩子不断地向父母发出邀请,用他的各种各样的礼物和欢笑,所以请父母们接受这些邀请,带着活力和诚意踏入孩子的世界,如同孩子期待能走进父母的世界一样,让孩子成为父母的眼睛和耳朵。

孩子们对第一次经历的事情都会有很多的感受和惊叹,请你也跟随他们一起去分享。十几岁的孩子会让你想起自己曾经在人际关系中所经历的痛苦和尴尬,而这些孩子此刻正在经历着。他们会让你记起过去许许多多的事情,你的孩子正全身心地生活在这个阶段。如果你允许他不断地提醒你曾经的少年生活,就是在跟他们一起在当下的生活中建立连接。

— 家长大课堂练习 —
冥想训练

请家长和孩子一起来想象一下这种感觉——

  第一次走上沙滩……

  第一次尝试着骑在单车上的感觉……

  第一次用望远镜观测天空……

  第一次在野地吹开一朵蒲公英……

  第一次听到飞机的轰鸣……

  第一次听到风声、雨声、雷电声……

孩子们非常渴望为家庭做一份贡献。当父母能够识别并接受孩子给予的这些礼物时，就是在激励孩子们奉献的天性。孩子总是在给予他的活泼可爱、欢声笑语和他的爱，所以家长们一定要接受这些宝贵的礼物，并且学习如何正确地接受和给予。激励给予和接受，意味着父母和孩子珍惜相互间的交换能力，并积极地帮助孩子找到适当的方法来贡献一己之力。

丢给孩子一些家务，要求他们在规定的时间内完成，这种做法并不能激励他们，同样，威胁惩罚或奖励也不行。给予是在没有胁迫的情况下自然发生的，事实上，给予也许是我们最大的快乐。

在家里，父母和孩子都在简单行为上发自内心地给予着，这些事例比比皆是。小的时候，父母会一夜一夜起来安抚和喂养孩子；孩子也会带着在学校里亲手制作的作品、包装得漂亮的礼物奔回家给父母；家人们快乐地聚在一起吃晚饭等等。

父母要学会和孩子相互分享礼物，礼物不一定是实物，比如说可以是好的点子、好的技能、美妙的歌声，甚至诗词、画作，这些都可以成为礼物。

我们可以给予彼此时间、能量、关注、倾听，甚至是一个微笑。如果有人生病了，你守护在他的旁边陪伴他，这是一种礼物，因为分享时间就是礼物；家里有许多活儿要干，如果你能搭把手，也是在给予礼物；家人遇到困难，你能关注和倾听，这也是礼物；孩子难过或者害怕，抱一抱他，这也是礼物。

就像案例中的女孩小云，她的父母只会用金钱代替自己出现在孩子的每一个重要阶段，而且用大量的金钱来证明他们是在意她的，以此来掩盖自己的愧疚感。可是，孩子更需要的是父母独特的爱、温暖、微笑和充满信任的家庭氛围。

—— 家长大课堂练习 ——
试着接受珍贵的礼物

请家长们试着写出十个孩子曾经给予你的礼物。

带着发自内心的感谢和真诚的欣赏，接受来自别人的礼物，是给予者与接受者之间善意沟通的桥梁。每个人都有为别人的幸福做出奉献的需要，就好像我们身体的肌肉需要不断地使用和锻炼一样，不使用就会退化。我们要学会认可和接受来自孩子的礼物，不然，孩子会渐渐地失落，慢慢地就失去给予的愿望。所以，不管孩子兴奋地想要给予你什么，如果你很珍惜地接受它，孩子就有机会学习分辨和欣赏礼物。

作为父母，能给予孩子的礼物有很多种。如果父母在孩子早晨出门的时候，给一个大大的笑脸；看到孩子回来的时候，能有一个愉快的问候，说一句"回来啦,宝贝",这都是礼物。你一定会喜欢这种情感连接的瞬间。

── 家长大课堂练习 ──
送出珍贵的礼物

请家长们想一想,你有没有发自内心地给过家人礼物呢?不需要花钱,用时间、用心付出给予的礼物?

生活中最棒的东西都是免费的,它们是不需要花钱的。更重要的是,这种用心付出的给予是没有任何附加条件的无偿给予,不期望得到任何回报,没有义务或责任。没有内疚或恐惧的慷慨给予,这种给予也会激励他人的慷慨付出。这种自愿交换的结果,将带给给予者和接受者最大的快乐和最真诚的连接。

如果期望任何回报,这种快乐就会大打折扣。如果掺杂了责任,像"必须"给予、"应该"给予,都无法建立发自内心的连接。如果发现自己内心有些怨恨,很可能是你的给予已经不那么简单和纯粹了。或许你的过度承诺需要收回一些,或许你认为应该让别人替你做正在做的事,再或许是你对所做的事情制定的标准过高,让你无法从容应对。

小云的案例告诉我们,在孩子成长过程中最重要的学习阶段,父母一定要有引导。告诉她什么是对的,什么是错的;什么是正面的,什么是反面的;如何面对自己的妒忌、排他、愤怒,如何展现自己。这些都是父母和师长给予孩子的最好的礼物。

— 家长大课堂练习 —
特别的给予

请家长们回忆一个特别给予的时刻：
1. 你曾经发自内心地给予过他人什么？
2. 你的给予满足了对方的什么需要？
3. 你的给予满足了自己什么需要？

思考： 当你单纯就是愿意给予的时候，是什么样的感受？

培养孩子的心理韧性

除了给予和接受礼物之外，父母还有一个养育任务，就是有效地帮助孩子建立心理韧性。

《风雨哈佛路》是一部于2003年在美国上映的著名励志电影。影片讲述了一个纽约女孩，历经人生的磨难，凭借自己的努力，最终走进最高学府的故事。这部影片取材来源于一个女孩的真实经历。女孩名叫莉丝·默里，她生长在一个毫无希望的家庭中，她的父母都是吸毒者。莉丝十岁时，母亲被检查出感染了艾滋病。此后，莉丝一直照顾在病痛中挣扎的母亲，在她十五岁时，母亲去世。父亲付不起房租，搬去流浪者收容所之后，莉丝流落街头，居无定所。城市里二十四小时运行的地铁上，公园的长椅上，都曾是莉丝的栖息地。

莉丝不愿母亲的悲剧在自己身上重演，十七岁那年，她回到高中读书。

她每天要坐一个小时的地铁到学校，还要去打工养活自己。尽管她缺衣少食，但依然坚定不移地按照自己的计划开始了她的高中学习生活。为了节省求学时间，莉丝选择进入了一个读两年就能毕业的加速班。每天晚上，她依然露宿街头，只能在马路边的楼梯角，借着路灯的光线看书做作业，但她却用两年的时间完成了高中三年的课程，并且每门学科的成绩都在 A 以上。她以全校第一的成绩和顽强克服困难的精神获得了《纽约时报》颁发的奖学金，并最终被哈佛大学录取。

莉丝于 2003 年本科毕业，奥普拉·温弗瑞（美国著名的脱口秀主持人）颁给她"无所畏惧奖"，她还受到了美国前总统比尔·克林顿的接见。2009 年，莉丝再度进入哈佛大学，攻读临床心理学博士学位。

这个女孩的经历符合我们对大多数励志故事的想象。主人公的童年充满苦难和挫折，却拥有在困境中屹立不倒的意志，不断自我超越，直至最终获得成功。这样的人物，这样的故事，古今中外举不胜举，我们每每都为之感动并受到激励。而这些人物身上的标签，大多是我们熟悉的词汇，坚强、勇敢、乐观、充满希望、百折不挠等美好的品质。

但心理学家的思考不止于此。同样是遭遇逆境，为何有人倒下，有人却变得更强大？这些励志的人物是天生坚强，还是被后天的环境所塑造？他们身上到底有哪些共通之处，可以帮助他们克服艰难困苦？我们作为平凡的人是否可以效仿？

当一个人面对生活逆境、创伤、悲剧、威胁或其他重大压力，可以良好地适应并能从困难的经历中恢复过来，我们便认为在这个过程中，此人展现了心理韧性。换句话说，当一个人遭遇逆境时，他通过自己独特的内心力量，克服困难，恢复过来，我们就会认为这是心理韧性的作用。但与此同时，若一个较为脆弱的人，他幸运地拥有支持他的朋友、亲人，幸运地生活在一个社会机制完善的国家，让他总能一次次渡过难关，我们也认为他展现了心理韧性。

看看下面的例子：

高中生小李是一个普通家庭的孩子，今年十四岁，没有经历过什么大的风浪，因为几次没有写作业被老师批评了，因为身材矮小被同学嘲笑了……

司机老王，因为一场车祸丧失了工作能力。他正值中年，上有老下有小，妻子身体还不好，面对这突如其来的事故，他备受打击。

一场地震，让小宝成了唯一的幸存者。他的父母、爷爷、奶奶、弟弟、妹妹在地震中都遇难了，他失去了亲人，突然成为孤儿。

心理韧性并非是一个特定的人只在特殊情况下才需要的特殊心理素质。所有人在成长过程中，都会面临挑战和压力。每一个人都需要心理韧性，而不仅仅是那些遭遇了巨大创伤和苦难的人。一件看上去似乎很小的消极事件，对于某一个人来说可能不值一提，但对另外一个人来说，可能就意义重大。

为了更好地理解这一点，我们来学习一下心理咨询中常用的理论——情绪 ABC 理论。它是由美国心理学家阿尔伯特·艾利斯提出来的，他认为，激发事件（Activating event）只是引发情绪和行为后果（Consequence）的间接原因，而引起 C 的直接原因是个体对激发情绪和行为后果（Consequence）的事件（Activating event）所持信念和想法（Belief）。面对同一件事情，由于人们有不同的分析角度、不同的信念、不同的看法，最后导致人们产生不同的情绪和行为。

例如，你被人从后面推了一下。

一种反应是：认为对方在侵犯、侮辱自己→感到不满和愤怒

另一种反应是：认为对方在和自己打招呼→感到温馨和愉快

一件事情发生后，它是否会成为当事人的"逆境和困难"，是否让当事人感觉到"压力和挑战"，或者这个压力和挑战的影响程度到底有多深，往往取决于当事人对激发事件（A）的信念和想法（B），而激发事件本身往往只是一个诱因。已经发生的激发事件（A）虽然无法改变，但人的信念和想法（B）仍有改变的余地，一旦改变了，我们的情绪和行为（C）就会相应地发生变化，从个体可控因素的角度来看，想法和信念（B）是我们获取心理韧性的关键。

总而言之，我们可以将心理韧性看作是管理日常生活压力的基础。从反面来说，跨越逆境，从挫折中恢复，需要心理韧性；从正面来说，拓展和丰富正常的生活，进一步提升幸福感，同样需要心理韧性。

在培养青少年积极发展的过程中，最重要的因素是至少有一个成年人（父亲或母亲、老师或者是其他亲人）与孩子有密切的关联，并给予关爱。这种关系为青少年提供稳定的情感、信任感以及关心和支持。当然，如果父母经常在家里对孩子表达温暖的关怀，并提供情感的支持，坦诚地表达对孩子的期待，而不是苛责他们；定期举办家庭聚会，引导他们对金钱和娱乐保持正常的价值观；愿意聆听孩子的心声，并与孩子进行交流。那么，生活在这种家庭中的孩子，就会有更强的心理韧性和抗挫折能力。

一个人究竟如何学会面对挫折，应对挑战？如何变得更有心理韧性？在这里，我教给大家增强心理韧性的七种技巧，父母可以在生活中使用并引导孩子。

技巧1　分清情绪ABC

养成心理韧性的基础，就是学习情绪ABC理论。美国心理学家艾利斯认为，发生的一切事情都源于我们的信念。由于我们常有一些不合理的信念，才使我们产生情绪上的困扰。学习情绪 ABC 理论，就是要学会将信念和想法，与事实、事件进行剥离。下面举一个例子具体说明。

A（Activating event）激发事件：明天上午我要参加比赛。

B（Belief）信念和想法：怕输，怕被看不起；输了被同学和老师嘲笑，就会下不来台；如果再给我几天时间就好了，我会努力的。

C（Consequence）引发的情绪和行为：非常焦虑，失眠，因没有好好准备而愧疚。

我们经常会感受到自己的情绪，但往往一时之间意识不到产生情绪的原因。人的情绪和行为反应虽然直接由事件激发而不是信念，但并不代表人的信念在其中不起作用。相反，信念和心理韧性，决定着一个人从消极事件中恢复的程度和难易度。

技巧 2　跳出思维陷阱

"思维陷阱"是心理学的叫法，它总是发生在大脑偷懒的时候，医疗术语又称"认知扭曲"。心理学家阿伦·贝克是认知行为治疗的鼻祖，他认为，认知扭曲是一种思维的错误，它造成了人类处理信息过程的困难，最终导致心理障碍。

贝克曾提出八种让人易患上抑郁的思维陷阱。

陷阱 1，快速下结论。在没有完全掌握相关证据的情况下，给自己或他人下判断。例如，"老师要找我谈话，一定是我做错了什么事"。

陷阱 2，管道视野。仅仅看到事情的消极面。例如，"他那个人什么事都做不好"。

陷阱3，夸大或缩小。在评价自己、他人或事情时，没有理由地夸大消极面，缩小积极面。放大所有的困难和负面事件，把别人提出的小建议看成是批评，因为一点小挫折就觉得很绝望，认为任何好事都微不足道。

陷阱4，个人化。相信导致结果不好的是个人原因，不去考虑其他更合理的解释。典型的心理语言是"这件事没做好是我的错"。

陷阱5，过度概括。根据一个片面的事件，得出广泛的结论。如果有负面的经历，自己马上就会演化出坏的结果。

陷阱6，"读心术"。相信自己知道别人是怎么想的，即使别人不说，也认为自己什么都知道，经常把他人的做法解释为对自己的消极反应。

陷阱7，情绪推理。如果主观上肯定一件事，就认为事实必定如此，从而忽视或者低估其他的证据。

陷阱8，外化思维。具有外化思维的人，认为所有问题都不是他的错，都是别人的错，是别人让他失望的。

打破思维陷阱最好的方式，就是细致地检测自己的思维，考虑各种事实和线索，用你搜集到的证据来挑战你的思维陷阱。

下面，举一个具体的例子。比如，明天"我"要参加比赛，"我"怕发挥失常搞砸了，十分担心。这种情况在生活中很常见，那么，如何打破我们惯常的思维陷阱呢？我们可以不断地给自己提问，来挑战自己的思维。

提问1：我能百分百确定自己会把比赛搞砸吗？

回答：不，不能百分百确定。

提问2：我有多少次在众人面前讲不好话？

回答：偶尔，但不是每次。

提问3：支持会搞砸想法的证据是什么？

回答：有一次在台上朗读，没有读好，同学们在下面笑。

提问4：不支持会搞砸想法的证据有哪些？

回答：我在班级联欢会表现得非常好，大家很热烈地鼓掌。

提问5：无法在众人面前表现出色对我来说真的那么重要吗？我的未来需要靠这场比赛来决定吗？

回答：比赛紧张是挺尴尬的，但我的未来不会只靠这次比赛来决定。

提问6：我需要为没有在众人面前表现出色负全部责任吗？

回答：不一定。观众的嘈杂声也可能分散了我的一部分精力，而且老师给我准备的时间太少了。

提问7：最坏的可能是什么？

回答：我会脸红，同学们会笑。

提问8：我可以做什么来应对这个情况？

回答：做几个深呼吸，或者坚持讲完，告诉大家我下次会做得更好。

提问9：过一个月、一年、五年后，这件事还重要吗？

回答：一年后回看这件事，它只是一个小小的插曲，生活中有很多更重要的事情值得我去关注。

提问10：我需要取悦每一个人吗？可能吗？

回答：我不需要取悦每一个人，我也不可能让每一个人都满意。

提问11：看待这件事情的其他方式是什么？

回答：其实有很多伟人在众人面前也会紧张。

提问12：如果我的朋友有这种想法，我会对他们说什么？

回答：这不是世界末日，我们都曾经有过因为紧张而表达不顺畅的时候，通常别人也记不清楚我们说过什么。

在这里，需要注意的是：消极思维和思维陷阱的关系。

消极思维是相对于积极思维而言，并存于我们大脑中的思维方式。消极思维不可能完全被消除或者驱逐，我们需要做的只是平衡消极思维和积极思维的比重。例如，医生在医院诊断病人，发现病情不是特别明朗，医生不会特别乐观地说"没事，什么事都没有"（积极思维主导下）。医生必须为病人做出最坏的推测（消极思维的积极作用），督促病人进一步检查，以达到确诊的目的。由此可以看出，消极思维也有它积极有利的一面。

但思维陷阱则是认知上的扭曲，它不一定都会以"消极思维"的呈现方式表现出来，它还有可能伪装成"积极思维"的模样大行于世。打个比方，如果面对高考这样人生中的大考时，孩子还觉得这不过就是一场小小的考试（看上去很像是积极思维），同时对自我评估不准确（没有从事实出发），盲目乐观（认知上发生扭曲），这样必然导致他准备不充分或者答题时粗心大意，最后的结果就很难"如人意"了（产生不利结果）。

技巧 3　冰山探索

每个人潜意识中都有一些信念，这些信念包括：他个人和世界应该是怎样的，自己是谁，自己要成为怎样的人。这些都存在于意识的底层，就像潜意识的冰山一样，正是这些信念指导着我们的行为。

当我们发现，分析自己的情绪 ABC 也无法为某些情绪和行为找到合适的信念，或者总有些信念与情绪和行为无法匹配的时候，例如，本该是愤怒的情绪，但如今却感到悲伤；本该因为伤害他人感到内疚，但现在你却感到尴尬……这时，就是使用冰山探索的好时机。要想学会冰山探索，首先要学会问自己"正确的问题"。

— 家长大课堂练习 —
难忘的一件事

请家长们想一件被误会的悲伤事件，或者你曾伤害过谁，或者一直感到内疚的事件，然后回答几个问题。

1. 这件事对我意味着什么？
2. 这件事最让我困惑的是什么？
3. 这件事对我来说最坏的部分是什么？
4. 这件事要告诉我什么？
5. 这件事中有哪一部分最糟糕？

提示： 是什么问题在引导我？

通过对自己"是什么"的提问，可以帮助自己深度思考。关于"是什么"的问题，会引导我们更全面地描述我们的信念。"为什么"这类问题容易让我们做出心理防御。探索冰山重要的一步，是把焦点放在"是什么"上，这可以帮助我们识别那些干扰心理韧性发挥的深层信念。

例如，有一位妈妈非常介意挤牙膏是从中间捏，这看上去似乎是一件很小的事情，一般只会引发轻度的负面情绪，而事实上，这位妈妈却非常愤怒。让我们来看一下这位妈妈的冰山探索过程。

提问1：他（孩子父亲）刷牙的时候挤牙膏从中间挤，这对我来说意味着什么？

回答：这说明他根本不在乎我说过的话，不在乎我希望他从底部挤牙膏的这件事。

提问2：他不在乎我希望从底部挤牙膏这件事表示什么？

回答：打理好我们家里的各种用品对我来说很重要，他也是知道的。他不从牙膏底部挤牙膏，就是不愿意尊重我，故意惹恼我。

提问3：这个过程中最糟糕的事情是什么？

回答：最糟糕的是我们要天天见面，我希望我的丈夫支持我、理解我，如果他连这点小事都做不到，我怎么能相信他会在更大的问题上支持我呢？

提问4：如果我无法在大问题上信赖他，这对我意味着什么？

回答：这意味着我已犯了一个巨大的错误，他根本不是我要找的那个人，他说爱我包括我的缺点，但现实中我感觉他并不认可我，而且想改变我。

提问5：其中最糟糕的部分是什么？

回答：最糟糕的就是他已经吃定我了，一直以来他都在操纵我，而我希望别人爱我本来的样子，我要做我自己。

从上面探索的过程，我们可以看出这位妈妈愤怒的不是丈夫这一个小小的行为，她把这一个细节解释为：她无法以自己本来的样子被爱，她的自我被否定了。她的冰山信念是"我应该以我本来的样子被丈夫爱，我不想为了得到爱而扭曲原本的我"。然而，这个信念被丈夫粗心大意的行为刺激了，于是，她产生了巨大的情绪变异，并激发了她的愤怒。

冰山信念源自一个人过去多年的经历，从童年开始就已形成，而且根深蒂固，影响深远。它总是藏在某个不经意的细节里，或者在类似的场景中反复出现。而当事人如果不深入探索，或许根本意识不到。

技巧 4　信念挑战技巧

心理韧性的关键因素是解决问题,即如何有效地解决我们在日常生活中遇到的问题,如何避免浪费时间在无效的解决方法上……错误的思维模式经常会让人对问题产生错误的理解,随后导致使用错误的解决方式。

使用信念挑战技巧一般适用于两类人。

第一类是那些正在与悲伤、愤怒、内疚,还有尴尬情绪做斗争的人。这类人可以按照下面的步骤来培养心理韧性。

第一步,事件分析。

A 激发事件:你曾经发生过什么重大的事?把事件写下来,不带任何评判、指责,也不贴标签。

B 想法和信念:你的脑袋此刻在对自己说什么。

C 情绪和行为:你有什么情绪和感觉。你最后对这件事做出了什么样的行为反应。

第二步,自动思维分析。

当你遇到事情时,是否有下面的自动思维方式:

- 我看待事物,分对与错、好与坏、完美与糟糕。
- 我对自己或他人总是会很快得出一个负面结论。
- 我总是猜别人会怎么想。
- 我总是预言一些坏事将发生,即使我没有任何证据。
- 在一个情境中,我总是关注那些坏的状况,忽略那些好的方面。
- 我总是依赖本能来判断事情。

- 我总是告诉自己，"我应该……""我必须……"

第三步，用下面这些问题来挑战固有信念。

- 如果我最好的朋友有这种想法，我会对他说什么？
- 当我的情绪还没有现在这么糟糕的时候，我对现在的情况有什么不同的思考？
- 一年后我再回头看这件事情，会有什么不同的看法？
- 在这件事中，我是否忽视了一些自己的优势或者积极面？
- 我是否在没有充分证据的情况下，过快地得出了一个结论？

第四步，总结以上，分析我可以做出哪些改变。

第二类，是一些为"接下来会怎样"而焦虑的人群。对于他们，挑战固有信念的最好方式就是像个侦探一样检测你的信念，考虑各种事实和线索。

第一步，检查证据。试着去发现一些与你的想法对立的证据。假设你在学习上犯了一个错误，你可能会很自然地想，"我无法把这件事做好""我一定是一个很差的学生"。当这种想法出现时，你可以这样对自己提问："有哪些证据可以证明我的这个想法？又有哪些证据可以推翻我的这个想法？"也许你很快就会想起来，最近哪位老师刚刚表扬过你，这些证据就不能支持你是一个差生的评论。

第二步，检查是否双重标准。问自己："如果别人也做了同样的事，我会这样批判他们吗？与此相比，我是否对自己过于苛刻？"每当对自己进行严厉批判时，你都可以试试这个挑战思维陷阱的好方法。

第三步，调查。找一些你信任的人，看他们是否同意你的想法。比如你也许对某件事与某个老师有不同的看法，然后你会想"好学生不应该与老师有任何意见上的不合"。你可以试着问问你的父母、某一个长辈或者你信赖的朋友，看看他们是否也是这么认为的。

第四步，做一个实验。在人群中测试你的想法，比如你认为你的朋友都不关心你，那就给一些朋友打电话，做个计划约他们出来聚聚。如果你的信念告诉自己"他们都会拒绝的"，那么当你看到他们当中确实有人非常想见到你时，你会感到欣喜。

技巧 5　检视未来

这个技巧可以对过于焦虑的人使用，也可以对过于乐观的人使用。让他们意识到事件可能导致的最坏结果，防止他们过度焦虑或乐观。技巧实施步骤如下：

第一步，写出对某件负面事情的结果假设，一步步将可能发生的最坏结果写下来。例如，我忘了写英语作业，最坏的可能是老师严厉批评我，认为我是坏学生，以后不再关注我，我的英语成绩会越来越差，每次不及格，无法上学……

第二步，评估每一步最坏结果的可能性。你会发现，假设某些后续灾难化后果发生的概率并不高，因为你可以想办法应对或补救。

第三步，写下一个最好结果的假设链，将那件坏事可能产生的最好结果写下来。例如，我忘了写英语作业，接下来最好的可能性是老师休假了，又或者换了一个新老师。新老师很严厉，我的成绩却越来越好，并代表班级去参加比赛了。最好结果的假设，目的是为了缓解部分焦虑情绪，获得处理问题的空间。

第四步，辨别最有可能出现的结果。例如，我忘了写英语作业。接下来最大的可能是老师会很严厉地批评我，让我补作业，这是最有可能出现的结果。那我们就可以聚焦在两件事上，一是被老师批评，二是如何补作业。

第五步，问题解决。通过自己或别人的帮助，找到处理和应对事情的方法。

技巧6　冷静与聚焦

要想有更好的心理韧性，就需要有控制压力的能力。虽然可以通过改变思维方式来面对压力源，使压力源变小或消失，但一个人终究不可能完全没有压力。当压力和紧张来临时，我们需要一些技巧：

1. 呼吸练习。坐在椅子上，双手放在膝盖上，用鼻子缓缓地吸气，腹部鼓起，继续缓缓地吸气，肺部和腹部逐渐充满空气，然后让自己停顿几秒钟，再缓缓地吐气。这个呼吸的过程，请重复三次以上。把注意力放在呼吸上，留意你的颈部、肩膀、腹部和腿部的感觉，有意识地把注意力集中在呼吸的数字上，让自己耐心地适应这个练习。

2. 回忆。你可以回忆小学、初中、高中或者大学时期，记忆中家的模样，包括各种装饰、变化等。

3. 听音乐。心情不好的时候，一定不要听抑郁风格的歌曲，听一些舒缓的、励志的歌曲或者纯音乐。

技巧7　实时抗逆

这个技巧需要将思维陷阱、信念挑战和检视未来结合在一起，并找到可以在事件中立即使用的方法。你要学习自我对话，这个技巧不是用积极思维去取代消极思维，而是让思维变得更加精准，让思维更有弹性、更准确、更有利。

例如，今天你的情绪不好，和孩子吵了一架，你觉得"我为孩子做了这么多事，可她却从来看不到我的付出"。这个时候，你要回应自己："这种想法其实也不对，因为昨天孩子还告诉我，我帮了她很大的忙，她还说了谢谢我。"

再例如，"这次这个项目，我做砸了，如果要被解雇，我就要离开这里了，就可能找不到自己喜欢的工作了"。当你有这种想法的时候，你可以回应自己："虽然老板对我没有完成任务感到很恼火，但我可以向他道歉。请他支持我，再给我一次机会。"

我们可以用以上培养心理韧性的七种技巧，来处理自己和孩子之间的问题。要注意，心理韧性不是一个人的内心特质，而是一种客观的过程，是指一个人面对生活、逆境、创伤、悲伤、威胁和生活中其他的压力时，可以积极面对，并能从困难的经历中恢复过来的能力。

心理韧性可以激发出许多美好特质：

1. 会让你感到自己很特别。
2. 让你觉得自己值得被欣赏。
3. 有合理的目标和期待。
4. 相信自己很有能力。
5. 能解决问题并做出有效决定。
6. 面对困难和挫折，能够积极挑战而不是回避。
7. 意识到自己有缺点但不否认。
8. 承认自己可以有改善的空间，认可并享受自己的优势和天分。

9. 与别人相处时感到舒适，能发展出有效的人际交往技巧，使自己能以顺畅合理的方式，从重要的人那里寻求支持和帮助。

做好孩子抗逆的后盾

如何判断孩子是否具有抗挫折能力呢？如果孩子在经历过困难，还能够说出这样的话："我还好，我可以解决这个问题""我会另外想个办法""我觉得那根本就不是我想要的"，或者"我还是我，我依然被众人爱着，生活还会继续"……就说明他有一定的抗挫折能力，而父母则需要关注和孩子建立连接。

第一步，我们要和孩子建立牢固的爱的连接。

众所周知，过度介入孩子生活的父母就像无人机一样盘旋在孩子周围，一有需要就会俯冲下来帮忙。然而奇怪的是，他们并没有和孩子建立起有意义的情感连接，跟孩子的相处也没有带来太多的意义。正确的做法是：

父母要积极表达对孩子的爱。孩子放学回到家，参加活动回来，或者你下班回来，都请放下手上的事，离开电脑，放下手机，让孩子看到因他们的存在带给你的喜悦。我们需要知道自己对彼此的意义，眼神交流、身体接触等对孩子非常重要。因为这是爱的第一步，被爱的感觉能增强孩子的抗挫折能力。

父母要积极表达对他们的兴趣。对孩子的想法、经历都要表现出兴趣，设法每天多了解孩子一点。选择一个机会，例如放学路上、做饭时、吃饭时或者乘车时，甚至睡觉前，可以问一问孩子："你今天过得怎么样？还好吗？"不限于这些老套的话题，还可以将谈话扩展到："为什么很好？有什么好事吗？你有什么感受？有没有什么不好的事呢？"……

父母要积极展示你的关心。孩子遇到挫折时，是你向他们展示无条件的爱的大好时机。这时候，和孩子坐下来平心静气地聊一聊，表示你能体会到挫折带给他的伤害，或者也可以做点事情转移一下情绪。跟他们分享你曾经遇到过的类似的状况，引导他们想想如何取得不同的结果。但不要把坏的结果都归罪于别人，同时引导孩子正确处理挫折，告诉他们：有时候生活中难免会发生这样的事，不过相信他们会有很多办法，可以通过自身能力控制事态发展，并向孩子表示你始终爱他。

第二步，父母要学习如何做孩子的后盾。

在孩子们做事的时候，如果我们老是在旁边指挥，事后还要进行检查，那就会动摇他们的信心。因为我们有意无意地传递了这样的信息："我认为没有我，你不行。"

建议让孩子们自己去经历，去做出选择，并决定怎么做。比如，放学回来是先做作业，还是做其他活动，或是先做家务。父母不要检查每一个细节，不要挑剔每一个结果，只是为了让孩子通过实际的经历形成能力，并让他相信自己的判断，做出负责任的选择。这个过程会面对一些困难的局面，但犯错也是学习的途径。除非孩子的健康和安全真的受到了威胁，否则我们都可以尝试让孩子自己去做。

第三步，父母要帮助孩子从经验中成长。

父母不要什么都为孩子做，也不能什么都不为孩子做。

首次，帮助孩子从自己的经历中成长。父母可以在孩子做出决定和选择之后，与他进行一次提问式谈话，了解他从经历中学到了什么，并帮助他思考该如何解决，提供建议，但不能代劳。

其次，要持续提高标准。父母和孩子都希望学习和成长，希望自己会做的事越来越多。当孩子表现出他是值得信赖、有良好判断力的时候，就要给予他更多的责任和机会，帮助他挑战自己，培养他的能力，建立信心。

再者，要避免完美主义。要让孩子知道，最重要的是不断地尝试和努力。父母往往希望孩子做得完美，只有"最好"，没有更好。但实际上，每一个人都不可能是完美的，只要尽最大的努力去做就好。

第四步，父母要注意在成长过程中塑造孩子。

父母的注意力往往会集中在孩子的学业成绩、课外活动，还有学校录取等结果上，而不太注重他是一个怎样的人。所以，很多孩子成年后，甚至已人到中年时，还在纠结父母会不会为自己的各种能力、生活品质而感到骄傲。每个人都希望真实的自己受到重视，但是人的价值不是来自外在成绩，而是源于自我的品格，也就是我们的善良、正直、勇敢、慷慨、努力等等。虽然品格没人看得见，也没人评分，但品格良好的人会赢得身边所有人的赞扬和肯定，这有助于克服不可避免的困难。所以请你告诉孩子，让父母骄傲的不是他们的分数、成绩和奖杯，而是他们身上的优秀品格。父母平时可以从以下两方面来培养孩子的优秀品格。

一方面，孩子表现良好时，及时予以肯定，并且在事后给他们反馈或者奖励。比如，看到孩子在帮忙，你可以说"你心地善良，帮助了那个阿姨"；或者孩子在谦让，你可以说"我看见你这么做了，做得很好"。你需要表达的是父母看见了、注意了、肯定了，你向孩子表达诸如"你很善良／乐于助人／诚实／大度／有勇气／有毅力，做得很好，妈妈感到很骄傲"这些话时，孩子感觉会非常好，他会寻求更多这样的机会来"表现"自己。

另一方面，帮助孩子形成另一种生活视角。在我们的生活周边，会有很多人过得更为艰难，试着带孩子去帮助他们。当孩子意识到有些人的实际情况更为糟糕时，孩子会心怀感激，并形成另一种生活视角，看到他人比自己过得还要艰难，才会更珍惜自己的生活。这样，当孩子以后感到沮丧的时候，会快速朝积极的方向努力。

第五步，父母要给予孩子真实的、具体的反馈。

父母不要在夸奖孩子的时候用"聪明""惊人""完美"等词语，这些词真的太空洞了。父母要学习通过诚实的表扬和建设性的批评，来培养孩子的抗挫折能力。

父母要如何赞美？看到孩子的真实状况，父母可以只是不带任何评价的复述，最后加一句"你做得很好"，这就够了。

父母要如何批评？我们希望孩子通过学习和成长得到发展，从而变得更好。为此，真实地评估孩子当前的表现是唯一的途径。和表扬一样，批评孩子时，要确保是针对行为和努力，而不是针对他本人。不要说"你为什么不听我的话，我告诉你别这样"，而是说"你现在这样，那会发生……，所以现在需要做……"。我们可以批评孩子的行为，因为行为是可以纠正的，而不是暗示这个孩子是个坏蛋，不可救药。如果是那样的话，后果不堪设想。

第六步，父母要做示范。

对于社会上的成功人士，许多孩子只看到他们光鲜的一面，从来没有了解过他们一路遭遇的挫折、坎坷，而且他们可能还会继续经历曲折和困难。所以，父母要告诉孩子，人生的挣扎和奋斗是正常的。

培养孩子抗挫折能力的最佳途径，是让他们了解真实的父母。告诉孩子，父母也曾经遭遇过挫折，如工作的失败、跟好朋友绝交，以及这些事情对自己的打击。要让他们知道，父母也有一些地方做得不对，还可以采取另外的做法，让孩子听到你的反思，看到你还在努力前行，这对孩子至关重要。

是人都会犯错，大人也一直在犯错误，未来可能还会继续犯错，孩子也不例外。所以在孩子犯错时，父母一定要记住，从错误中得到的教训和益处对孩子来说是一件礼物。

《允许孩子犯错》的作者杰西卡·莱西说：一年又一年，我最好的学生，包括最快乐、最成功的学生，他们的父母都允许他们失败，让他们为失误负责；面对错误时，也鼓励他们尽力而为。

什么是生命中的难题？就是犯错误。有时候，我们的行为已经无可挑剔，可还是会出现负面的后果。所以，除非是涉及健康和安全的问题，我们就让孩子自己来学习接触和处理难题吧。

在训练心理韧性的同时，我们要告别玻璃心，做一个内心强大的自己。当我们在生活中遇到一点挫折时，不妨让自己陷入这样的冥想：我所有的关系都发展得很好，我的身体非常健康，钱对我来说也不是问题，自己未来的经济有很好的保障；我现在每天遇到的挑战，只是让生活变得更加丰富、更有意义而已。

当然在困境中，我们也需要有喘息的机会。我们要相信挥洒过的汗水，终会浇灌出成功的果实。就像本章案例中的小云，我鼓励她想象一下跌宕起伏的人生，想象自己经历成功与失败的体验，想象生活中拥有相互支持的亲密关系，有许多人的帮助。这样她就可以迅速地从失败中学习，并很快重新站起来。

每个人的一生都会有痛哭流涕的黑夜，有对完美的追求。我们要学习发挥抗挫折能力来应付困难，只有这样才能让我们更加自信，充满自我效能。当父母的成长和孩子同步，或者先行一步学习了这些技能的时候，家庭的和谐与幸福必定比其他大多数的家庭要多得多。

— 家长大课堂练习 —
我们一起来经历

请父母写出您与孩子共同经历过的压力事件经过。

思考： 你们是如何解决的？

提示： 再大的压力随着时间的推移也会过去。请保留和孩子一起经历的回忆，作为共享的经验。

CHAPTER 6

教育是一个逐步发现自己无知的过程。

——杜兰特

第六章

情绪与行为界限

分寸与界限，养育的智慧

案例分享

咨 询 人：小欧母亲
求助原因：孩子自残

小欧母亲：老师，请你帮帮我，我现在都已经蒙了，不知道该怎么办？

咨 询 师：发生了什么事？

小欧母亲：我的女儿从小到大都非常乖，人际关系很好，老师和同学都喜欢她。我认为她的自理能力也非常强，自己会做饭洗衣服。所以，我和她爸爸非常放心地把她送去了法国，让她去学服装设计，这也是她的梦想。可是开学才两个月，她竟然在法国割腕了……

我和她爸爸都不知道发生了什么事，接到学校通知的时候，我都快疯了。我们立刻飞过去，当时看见孩子的样子，我都要昏过去了。在法国休养了几天以后，我问她想要做什么，她说要回国。我以为她只是想回国休息几天，就打算给她办休学手续。可是，她非常坚定地告诉我，她要退学。虽然极不情愿，但怕她又有过激行为，我和她爸爸只好给她办退学，把她领回来了。可是，现在我们都不知道该怎么办？

咨 询 师：她出国前发生过什么事情吗？有过什么异样的表现吗？

小欧母亲：没有！出国学服装设计，一直是她的梦想，而法国也是她一直向往的国家。一切都非常顺利。

咨 询 师：我想了解一下，您和孩子父亲的关系。

小欧母亲：我们俩不太沟通，就算各过各的吧。就孩子的事，我俩能聊一聊，但也会经常吵架……

咨 询 师：你们两个这样，孩子怎么看？

小欧母亲：孩子一直表现得非常乖巧听话，学习努力，我和她爸爸对她都非常满意。平时孩子想要什么，只要能做到的，我们会全部满足。

咨 询 师：看来孩子的乖巧听话都是表现给你们看的，那不是她的本来性格。

小欧母亲：（惊讶）你这是什么意思？

咨 询 师：如果孩子真的乖巧听话，又去了她梦想的地方，为什么还要割腕呢？

（小欧很爱这个家，她内心深处有担心和恐惧，怕父母离异，自己就没有家了。所以她一直用父母最喜欢的方式在表现，好让父母高兴，以达到家庭的和谐。）

问题成因

- 小欧拥有双重性格，外在性格是表现型，就是做给父母和别人看的，为了讨好他们。
- 因为表现乖巧，所以得到父母的共同宠爱。过度的宠爱让小欧陷入幻觉，似乎只要听父母的话，大家就会皆大欢喜。
- 小欧不敢自己面对压力和未来，时刻需要父母的指点和帮助。

咨询效果

经过咨询师对小欧和其父母三个疗程的干预，以及后续近一年的跟踪指导。小欧终于开始了自己的新生活。

- 小欧性格改变了，自立能力开始养成。
- 她明白了自己在做什么，开始勇敢地表达自己的感受。
- 一家三口重新认识了彼此，看到了大家对家庭的热爱和付出。每个人都开始改变，营造出了一家人真正的和谐氛围。

过度教养是共性问题

父母该如何做,才能让被过度教养、过度宠爱的"巨婴"们具备与外界沟通和独立处事的能力?朱莉·科思科特-海姆斯(美国知名教育者)在《如何让孩子成年又成人》中说:我关心那些被宠坏的年轻人,担心他们的发展与未来前景。作为家长,我想我做了更好的选择,但同时我也像其他的家长一样在恐惧中挣扎,面对着与他们相同的压力。而且我认为系统性的过度教养问题源于我们对世界的担忧。我们总是担心要是没有我们,孩子们该如何在这样的世界赢得成功?不过,我们的做法确实害了孩子。为了孩子,也为了我们自己,父母必须停止这种基于恐惧的养育方式。

从 2013 年开始,美国媒体纷纷报道了大学生精神健康危机的统计数据,其中服用抗抑郁类药物的学生人数之多令人揪心。在芝加哥,有一位退休的校长曾经做过一个问题调查,调查家长是愿意看到他的孩子在耶鲁大学过得郁郁寡欢,还是选择孩子在亚利桑那大学过得开开心心。结果显示,75% 的家长宁愿孩子在耶鲁大学沮丧压抑,他们认为孩子可以在二十多岁的时候再理顺情绪方面的问题,但不可能倒回去拿到耶鲁大学的本科文凭。

父母的意图太合情合理了,因为太爱孩子,希望他们得到最好的一切。然而,在"对孩子来说什么是最好的"这个问题上,由于对安全的恐惧,父母的认知完全失去了平衡。父母不希望孩子碰得头破血流,不想让他们的情感受到伤害,却甘愿冒着让他们心理健康出问题的风险。

2013 年,美国大学健康协会(简称 ACHA)调查了 153 所学校中十万名大学生的健康状况，当问及受访者在过去一年中的经历时，得到了以下结果（引自 1983 年美国国家卓越教育委员会报告）：

84.3% 的人在为必须要做的事情感到不知所措；

79.1% 的人感到精疲力竭；

60.5% 的人感到非常难过；

57% 的人感到非常孤独；

51.3% 的人感到极度焦虑；

46.5% 的人觉得毫无希望；

38.3% 的人感到极度愤怒；

31.8% 的人感到非常沮丧，力不从心；

8% 的人认真考虑过自杀；

6.5% 的人曾有意地伤害或者弄伤自己。

中国的青少年心理健康情况如何呢？会比美国的数据好看吗？中国的青少年是全世界学习时间最长的。在这样的重负下，父母包办了孩子几乎所有生活所需的技能，过度的"养"涵盖了学习以外所有的部分。于是，生活"巨婴"开始大量产生。

过度教养导致心理问题

2010 年，著名的心理学家尼尔·蒙哥马利调查了全美三百名大学新生，发现父母有过度教养行为的学生，无法快速接受新思想，独立行动能力较差，比较容易受伤，而且会感到焦虑和不自在，服用抗抑郁和抗焦虑药物的可能性也更大。刚开始他们表现得非常优秀、能干，交作业的情况也很好，学业也很努力，但一旦涉及独立决策的事情，如果不给他们具体的指示，他们就会感到不安。蒙哥马利发现，如果父母授予孩子责任而不总是监督他们，让他们成为所谓的自由决策者，情况却恰恰相反。

有的父母过度介入孩子的生活，无时无刻不在盯着孩子。一旦孩子有需要，父母会立刻冲到孩子跟前。但研究表明，这样的父母并没有与孩子建立起有意义的情感连接，他们与孩子的相处，也没有给孩子带来什么重要意义。

这就是过度教养的弊病，由此容易造成孩子十八岁后出现问题。因为过度教养限制了孩子在成长过程中练习掌握重要技能的机会，让他们无法独立，并且妨碍了他们对自主能力的基本心理需求，具体表现在生活能力缺陷与心理健康问题上。

如果父母习惯帮孩子处理生活琐事，比如早上叫醒、上放学接送、提醒最后期限、催促完成作业、限制与陌生人交谈等等，那么等他上了大学，父母放手让他独立面对世界时，他可能会相当震惊，他接触的世界完全颠覆了自己的认知，也会经历挫折。对他来说，挫折就是失败。孩子无法很好地应对失败，因为他在这方面没有太多的实践经验。比如，不知如何在宿舍分工、如何与室友相处、如何清洁宿舍的卫生；教授要求修改论文，如不明确指出错误在哪里，就不知道如何改；发现朋友不是那么友好；自主选择学习项目时，尤其在二选一的时候，他们举步维艰；不知道如何处理分歧；面对不确定性时，无法决策，也不知道如何找同学讨论做出决定……所以，这种应对事情的无能感，本身就成了孩子的一个问题。

心理学家艾伦比认为，过度介入的养育方式严重损害大学生的心理健康，致使他们无法在父母和独立做决定之间达到平衡。她认为，孩子们一旦觉得需要帮助，会马上联系父母。这从心理学角度讲，孩子并不是真的需要帮助。如果可以挺过不知该怎么办的那段不适应期，基本上就等于是操练了技能。他们早晚会学着自己动手培养自信和独立能力，但是大多数孩子最终还是会给父母打电话或发短信，而不是进行自我的训练。这意味着他们没有掌握自己独立面对决策的能力。当然不是说成年的孩子不应该给父母打电话，问题在于电话中谈话的细节。如果他们打电话是问一个问题或者需要做一个决定，父母应该告诉他们怎么办吗？还是说父母可以认真地倾听，然后根据情况提一些问题，跟孩子互动，比如说"那你认为应该怎么处理呢"。

大多数的孩子都倾向先找父母，不是自己先想办法，而父母一般也会立即做出回应。这一切发生得太快，没有给孩子自己去想清楚该怎么办的时间。大学生们无法将自我和父母分开，这是需要解决的实质问题。孩子们需要培养出自我意识，但对某些孩子来说这太困难，可能会导致更严重的心理健康问题。那么，当孩子远离家人，独自感到困惑、恐惧、难过时，父母怎么做才能帮助他们呢？

自己想办法解决

自己想办法解决问题，是精神健康的关键因素。如果孩子身处问题甚至危险当中而无法脱身，父母会难以接受这个事实。但从长远来看，教会孩子自己解决问题，是父母给他们最好的礼物。如果你的孩子还小，那么他就有足够的时间来证明自己是可以做到这一点的。

心理学家玛德琳·莱文博士曾写了《给孩子金钱买不到的富足》和《给孩子软实力》，这两本书享誉全美国。她在书中详细地阐述了年轻人的压力和紧张情绪，并在全美各家长会、家长教师协会举办讲座，劝家长们要冷静。她认为，孩子生活中潜伏的最大危险并不是街上有陌生人从天而降之类的偶然事件，而是父母为孩子做得太多，结果导致他们心理健康水平下降。

莱文有一段非常著名的开场白，她对家长说："当前有一个说服力极强的流行故事说，成功是一条直线，从正确的初中，到正确的高中，到正确的大学，到正确的研究学院，到正确的所选的职业。如果这是你走过的道路，请举手。"全场几百人中只有两个家长举手。"没错，"她说，"在所有人中走直线的人只占1%到5%。大多数人走的道路都是迂回曲折的。但孩子们不知道这些，你的孩子以为你是天才，他们不知道你也挣扎过、失败过，这是我们不让孩子知道的最大的秘密。然而孩子需要了解我们面对的日常挑战，我们应该把我们人生道路中的种种经历告诉他们，尤其应该讲讲我们的失败。"通常在场的爸爸妈妈会发出紧张的窃笑，看来这件事情任重而道远。

父母在教育孩子过程中，真实地与孩子交流自己曾经接受的教训和总结的经验，这一点非常重要，要让孩子明白：没有什么成功是直达的，都需要经过一番努力。

造成孩子心灵伤害的养育方式有三种：其一，为孩子做他们已经可以自己做到的事；其二，为孩子做他们几乎可以自己做到的事；其三，教养行为的动机基于家长的自我。

一旦开始这三种方式的教养，我们就剥夺了孩子所有的机会，使他们没有机会去表现创造力和尝试解决问题，也无法培养自己的应对技巧并形成抗挫折能力，没有机会探索什么能给自己带来快乐，更无从了解自己是谁。简而言之，我们剥夺了孩子实验的机会。

虽然过度养育的目的是为了保护孩子，短期内收到的效果也不错，但事实上，父母的行为所传递的信息对孩子的心理极具毁灭性。

过度养育中，父母传达给孩子的信息是："孩子，如果没有我，这些事你一样都做不成。"而这恰恰会增加孩子发生抑郁或焦虑的概率。有一些父母开始明白，想要让孩子找到勇气，不能再避讳跟孩子谈论失败。对学生而言，失败的恐惧困扰着他们，而首先困扰着他们的往往是父母对失败的恐惧，哪怕是暂时的功亏一篑，其代价也不是父母能接受的。所以，有很多非常听父母话的优秀的"小绵羊"，他们不敢抗拒父母，也担心父母会失望，一直乖乖地做"小绵羊"。然而在上大学后，所有的问题都暴露了出来，生活的不知所措、人际关系的复杂，直接影响了情绪，对学习的影响也是毁灭性的。

归还孩子失败权和犯错权

我们该怎么教孩子面对挣扎向前的人生常态呢？《脆弱的力量》《活出感性》的作者布琳·布朗说：我们一起哭泣，共同面对恐惧和悲伤，我多么希望能带走你的忧愁。然而我要和你一起坐下来，教你如何感受它。

美国斯坦福大学的教授阿迪·格力克曼注意到，越来越多的学生不懂得如何面对逆境。她为学生讲授时间管理，克服考试焦虑和拖延症，教他们做笔记和其他学习技巧。她发现很多学生一旦表现得不像童年时代那么完美，就不知道该如何应对。这样的学生越来越多，她为此深感担忧，所以她咨询了哈佛大学的利普森教授。

利普森教授认为，越来越多的学生被剥夺了"失败权"。如果学生在十几岁才第一次面对自己的人生，了解自己的不完美，那他往往会缺乏抵抗力和再坚持一下的心态，而这种心态早在童年时代就该养成。害怕失败，缺乏应对困难的能力，不仅仅是哈佛大学、斯坦福大学这些年轻学生的问题，也是全世界孩子的问题，并且这个问题正在日趋严重。

在养育过程中，父母要允许孩子通过犯错误来学习，接受孩子的不完美，孩子们也要学会坦然面对和接受让他人失望。许多父母认为孩子犯错误是最糟糕的事情，但是如果不犯错误，永远也拿不出任何原创性的东西，这样的孩子长大之后会失去勇敢犯错误的能力。害怕犯错，比犯错本身，对孩子造成的伤害更大。

说起来这些都是基本常识，但做起来真的很难。在理智的层面，我们可以理解放手让他们犯错或失败的价值，但这真不是一个让人满意的指示，因为作为父母，我们太想帮助孩子采取措施了。那就让我们以正常的眼光看待孩子的奋斗，帮助他们培养成长必需的抗挫折能力，以便成年后在世界上独立成才。

十八岁的挫折和技能清单

> 孩子们不会在第十八个生日的午夜时分，像变魔术般一下子获得所有的生活技能。童年应该是训练场，父母帮助孩子的方式不是寸步不离，事事代劳，或者是通过手机遥控指挥，而是闪到一边让孩子自己想办法解决问题。
>
> ——心理治疗师贝丝·加尼翁

这里，我汇总了一些十八岁之前的挫折清单，供家长朋友们参考。

1. 没被邀请参加朋友的生日聚会；
2. 打碎过一个贵重物品；
3. 出门在外时汽车抛锚；
4. 被告知最想参加的活动满员了；
5. 因为帮助别人，错过了一场精彩演出；

6. 受到莫名其妙的指责，被同学冷落；

7. 某门考试得了最后一名；

8. 曾经得意的东西被他人否定；

9. 朋友出去玩时未获邀同行；

10. 体验过至亲或者宠物离世；

11. 花了很大工夫写论文，成绩却不理想；

12. 眼看亲手栽的小树死掉了；

13. 因其他伙伴行为不端，团队的比赛资格被取消；

14. 没被选入校队；

15. 被另一个同学打了；

16. 为说过的一些话感到非常懊恼；

17. 知道自己最后一个被邀请来。

— 家长大课堂练习 —
为孩子的十八岁喝彩

请对照十八岁之前的挫折清单，回答下面的问题：

1. 你的孩子都经历过哪些挫折？

2. 还需要锻炼的项目是什么？

3. 将孩子经历过的和没经历过的挫折写下来，和孩子共同探讨。

提示： 对照十八岁的挫折清单，父母可以和孩子畅谈各自抗挫的感受。让孩子明白，父母也曾经历过和他一样的挫折，教育孩子不要怕挫折，要勇敢面对。

十八岁之前需要掌握的基本技能

1. 一定要学会和真实世界中的陌生人交谈。

包括其他班级的老师、学校的校长、房东、超市的工作人员、银行职员、学校医疗保健员、公交车司机、修理工……

我们都曾经教过孩子不要和陌生人说话,但是没教他们掌握更微妙的能力,比如,学会识别少数居心不良的陌生人。因此当孩子进入成人世界后,不知道如何礼貌地用目光回应陌生人,也不知道如何向陌生人寻求帮助和指引。

2. 一定要认识校园的道路,必须认识暑期寒假期间实习所在城市的道路。

过度养育时,我们恨不得孩子去哪儿都开车接送或者陪同,哪怕他要去的那个地方坐趟公交车、骑辆自行车或者步行就可以到达。因此,孩子不知道路线,也不知道如何选择交通工具,如何应对交通混乱,更不知道如何制定交通出行方案。

3. 能够管理好自己的作业任务和截止日期。

父母们几乎每天都在提醒孩子什么时候该交作业,什么时候该做作业。有些父母协助孩子做作业,甚至替他们做。他们担心自己不经常提醒孩子,孩子就不知道该如何确定任务的优先顺序,不会管理工作量,不能按时完成任务。当父母过度参与之后,孩子就真的如你想象得那样——混乱不堪,离不开你。

4. 一定要为家庭的运转做出贡献。

很多父母不让孩子参与家务劳动,是因为孩子除了学习还有很多课外活动。清单式的童年给孩子每天预留的空闲时间并不多，因此孩子不知道如何照顾自己的生活，不懂得尊重别人的劳动，不善于为整体利益承担自己的一份责任或者为家庭的运转做出贡献。

5. 一定要能够处理人际关系问题。

很多父母总是期待为孩子解除误会，抚慰他们受伤的心灵。这会导致有一天父母不干预孩子了，他们就不知道该如何应付和解决冲突。

6. 一定要能够应付课程压力和人际关系的起伏变化，能够应付大学水平的工作竞争状态，以及和态度强硬的老师和其他各种人打交道。

千万不要在孩子遇到困难、需要延长任务期限或者需要和人交谈时，父母就着急出面过来插上一脚，如果总是如此，孩子就不知道正常工作中事情不会总是按照他们的意愿进行，但即使出现问题，他们也会安然无恙。

7. 一定要有能力挣钱和打理财务。

很多孩子即使有工作能力，也不从事兼职工作，想要什么或需要什么了，就直接伸手向父母要。他们没有培养出完成工作的责任感，没学会对雇主的尊重，也不了解各种东西的实际价值，更不知道如何管理金钱。

8. 一定要能够承担风险。

父母如果为孩子铺平全部的人生道路，避开所有的人生陷阱，防止他们跌倒，那么孩子就不会理解什么是真正意义上的成功。只有经历失败再尝试努力，让自己拥有坚毅的品格，才能取得真正的成功；同时，他们也不会知道在事情出错时，只有想办法应对，才能变得坚毅，具备抗挫折能力。

— 家长大课堂练习 —
十八岁的技能盘点

请家长回答：

1. 作为父母，你有意识地训练了孩子哪些生活技能？
2. 你的孩子除了学习之外，哪些技能是你引以为傲的？
3. 你觉得孩子上大学前，最重要的是学习哪些技能呢？

提示：把除了学习之外，你的孩子会的技能都整理一遍。看看孩子距离十八岁应该掌握的技能还有多大的差距，然后父母就可以帮助孩子开始完善。

以上两份清单请家长们好好审阅一番，从中找到差距和方向，为孩子顺利进入成年做好准备。

建构新的教育方法

众多的学生来访者往往都缺乏内在的动力和价值感。他们以别人的评价和达成世俗的成功为准则，过分地在意来自外界的鲜花和掌声，过分地看重个人利益和得失，这会人为地制造出束缚自己的牢笼。

社会建构论认为，自我是在关系互动中被构建出来的。我们在童年的成长过程中身边会有很多重要的成人（父母、老师、其他长辈、邻居等），他们用怎样的视角来看待我们，用什么样的态度和行为对待我们，就会为我们塑造出怎样的自我概念、成功动机和人际边界。重要亲人们协助我们形成了人际相处和探索世界的最初理念，这也有可能给我们打造出智慧、正直、勇气、担当等积极的心理品格。

学习积极教育的意义

积极教育是人类社会发展的文化遗传DNA，生物学家在探索人类生命发展的密码——遗传信息DNA时，人类科学家也开始探索另一种遗传信息——文化的遗传DNA，以探索我们的社会发展到底有哪些规律性的现象，并对每一个个体进行分析和观察。

经过千百年的发展，在手机时代，如何与别人交往、交流、交换，是我们人类共同关注的问题。我们到底该如何教育孩子？传授给他们什么样的生活技巧？传统教育中大多数人相信的是，一个人只要能干，有本事就行。但在现代社会中你会发现，被人喜爱才是一个人最重要的优势，情商比智商更重要，如何做人也很重要。

积极教育可以弥补现代传统教育的不足。未来学家丹尼尔·平克认为：人要具备知识以外的力量。

1. 人要有设计感、美感，欣赏之心。
2. 人要有快乐感，让自己身心愉悦，也要让别人身心愉悦。
3. 人要有意义感，明白生存的意义和生活的意义是什么。
4. 人要有形象思维的能力，要善于讲故事、与人沟通。
5. 人要有共鸣的能力，善于感染和激励他人。

6.人要有共情的能力,能够感受其他人的感情、感受和感觉。

积极教育也是符合人类大脑活动规律的科学实践。

中国目前最缺 ACE 人才。什么是 ACE 人才?A 是审美感,能够看到别人看不到的东西,能够领悟别人领悟不到的事物。C 是创造力,有创造力的人能够分析问题、解决问题并创造新的概念和新的事物。E 是情感共鸣能力,能够敏锐地感受并影响到其他人的感情和感觉。

通过积极心理学的积极教育,来对孩子进行情商教育,让孩子处于积极情绪的时候,这样他们的思路才更开阔,行动的欲望才更强,而消极的情绪只会让孩子的思路变狭窄。

— 家长大课堂练习 —
回看自己的成果

请家长思考:你在教养孩子时,过度给予孩子的是什么?应该给予却没给予的是哪些?你将如何弥补?

思考: 如果你的孩子因过度教养已经有些状况了,你准备如何调整?
提示: 家长明白道理是第一步,行动才是核心。

我们都知道，爱孩子是母鸡都会做的事。在本章分享案例中，经过多次的咨询沟通和家庭的共同努力，小欧的父母明白了积极教育的重要性，也明白了真正的教育要从教育父母自身开始，父母要起到榜样作用，还要允许孩子在挫折中学习，允许他从失败中总结教训。父母要做好孩子的后盾，不过分干涉。父母从内心深处真正接受孩子长大，是做父母的终极功课。

CHAPTER 7

教育之于心灵，犹雕刻之于大理石。

——爱迪生

第七章

情绪与自我迷失

勇敢与创造，培养出自信

案例分享

咨 询 人：小泽，18岁
求助原因：留学引起的焦虑

咨询师：（看见小泽双手抱头坐在那儿）孩子，你现在可好？

小　泽：不好，我很不好。我现在睡不好觉，常常做噩梦。

我从小到大都没有离开过家，没和父母分开过。再过两个月我就要出国了，可我是一个连省都没有出去过的人，现在竟然要走出国门去日本了。我现在非常焦虑和担心，我父母比我更焦虑、更担心。他们怕我在外吃不好，住不好，他们又没法一起去照顾我，又担心我的学业和人际关系，总之就是各种的担心和害怕。

咨询师：你想去日本吗？

小　泽：嗯……想去又怕去。

咨询师：想去的成分多？还是怕去的成分多？

小　泽：想去的成分多！我不能一辈子在家里待着，我也想看看外面的世界。

咨询师：如果你真的想去的话，我们可以试着想想，怎么能在日本学习和生活得更好？可是，关键还在你是不是真的下定决心克服一切困难走出国门。

小　泽：老师，请你帮助我，我要去。

（咨询师和小泽的父母交谈后发现，这对父母的焦虑情绪比孩子还高。看来，父母的焦虑对孩子也产生了很大的影响。这对夫妻关系非常亲密，对孩子的爱可以说是无微不至，完全是一家三口黏在一起的感觉。如果没有孩子出国这件事，就暴露不出这个家庭教育孩子的问题。小泽的父母不愿意接受他长大的事实，始终把十八岁的大人当成六岁的孩子，造成小泽生活能力和社会生存能力极差的后果。一家三口都需要学会相对独立，父母要放手锻炼孩子的独立性和主观能动性。）

形成原因 小泽被父母密不透风的爱包围着，无法独立。

咨询效果
- 父母和小泽的焦虑情绪很快稳定下来，父母深刻意识到从前的教养方式有问题。
- 用计划书一步步改变小泽的自理能力和独立性。
- 两个月后，小泽如愿留学。不过，还是保持了三个月的远程咨询。

在父母的配合下，小男孩终于开始长大了。

你在恐惧什么？

作为父母，你了解自己的内心吗？你如何对待行为不符合我们的价值观的人，例如你的孩子？

首先让我们看看，改变是如何在我们的内在发生的，又如何在那些行为不符合我们价值观的人身上发生的？然后又是如何在运转方式不符合我们价值观的社会结构中发生的？

作为父母的我们也是普通人，也有可能会干蠢事。想一想，最近犯过什么错误，自己特后悔；然后再想一想，做了这件蠢事，该如何教育自己。也就是说你对当初的行为感到懊悔时，会对自己说什么。既要让自己从不足中学习，又不失对自己的尊重。

当你对孩子大吼大叫后，是不是特后悔？当你看到孩子的眼睛，突然意识到孩子受伤了，也许你会对自己说"我不是一个合格的妈妈，我不应该这样对孩子说话"，也可能会责备自己"我怎么是这样的人呢"。是的，很多人都是这样教育自己的。这种自我责备的方式已经在我们身上内化成为我们的一部分，使我们经常会感到内疚、羞愧，甚至会用其他暴力的强制手段来"教育"自己。

很多时候我们感到沮丧并不是因为自己有缺点或者真的出了问题，而是因为我们受的教育让我们通过道德评判、自我责备来教育自己。就像母亲跟孩子大吼之后的想法一样，她会告诉自己："因为我冲着孩子喊叫，所以我肯定有问题，我不是一个好妈妈。"

有位母亲说："如果你想知道我对地狱的定义，那就生个孩子，同时相信世界上存在完美的父母。"如果这样想，你就会把大量的生命花在沮丧上。我们需要学习，而不是责备自己，不要通过内疚和羞愧来学习，要试着换一种方式去了解自己的需要。

我们需要认真地思考跟孩子大声吼叫的理由，或许当你对孩子吼叫时，是希望满足什么样的"需要"呢？也许是和孩子和谐共处的需要，也许是自己和孩子相互尊重的需要……当然不是说对孩子吼叫是正确的，但我们要找到藏在背后的"需要"。

当我们因自己的冲动、暴躁行为而未能满足和孩子友好共处的需要时，我们就要反思自己的做法。但这不是责备，不要认为那样做是我们真的有问题了，而要去探究我们没有被满足的"需要"。

如果能做到以下这两件事情，我们就能从中获益良多。首先，要看到行为未能满足什么"需要";其次,要了解我们所做的事情是希望满足什么"需要"。我们把注意力集中在分析自己的这两种"需要"上,就可以加强我们的学习能力,同时又不会对自己苛责。

父母需要通过连接自己未能得到满足的"需要",了解自己想要满足的"需要"到底是什么。一般来说,倾听自己的"需要"并不容易,当人们试着向内看并说出当时做那些事的内心状态时,往往会告诉自己"我不得不这样做,我别无选择"。其实,我们永远都有选择,我们所做的事没有一件不是自己选择的。我们选择那样做的原因,只是为了满足某一项"需要"。如果你可以在每时每刻都分辨出你有选择的权利,每时每刻的行为都是自己决定的,而且每一个选择都是为"需要"而服务的,那么,你就已经开始改变了。

错误与自责

普林斯顿大学的威廉·乔丹教授说:让我们为自己拥有犯错的尊严而高兴,为我们能够认识到错误的智慧而高兴,为允许我们把错误的光亮转化为未来道路上的明灯而高兴。错误是智慧的成长之痛,没有错误就没有个人的成长,没有进步,也没有胜利。

很多人围绕着他们做过或经历过的不好的事情,感到深深的痛苦。为了帮助这些人解决痛苦的根源,我们首先要做的是让他们意识到,到底是什么造成了他们的痛苦?

精神病学家托马斯·沙茨认为,有些人的生理问题会影响心理上的幸福感,但绝大多数人所谓的心理疾病,仅仅是因为他们学成了一种会使人产生强烈心理不适的思考沟通方式。这并不意味着他们病了,而是意味着他们一直以来学到的思考和交流方式，会使他们的生活变得比较悲惨。

改变的第一步，就是从自己的错误中学习，而不是失去自尊地自责。请父母们回忆一下自己曾经做过的不喜欢的事，然后列举一下自己对自己说过的话。我们发现人们对自己说的话都非常残暴，排在第一位的就是"你是个笨蛋"，这是最为常见的自我评判。

我们希望父母特别留意，当感觉自己不完美时，会对自己说什么。可能会想起许多童年往事，想起父母说的话，"你早就应该想清楚""你真是太笨了""你真是浑身都是毛病""你太粗心了"等等。当父母意识到这些话是自己童年时父母曾经挂在嘴边的评判和指责，当时自己是怎样背负着这样沉重的负担，努力学习想改变自己在父母心中的印象。可如今又如此行云流水般用这些评判和指责来进行自我教育，全然忘记了自己当时的难过。犯错误继而责怪自己应该如何如何，这是很多人在生命中无限轮回的方式。

为了帮助人们跨越"应该"带来的痛苦，我们首先要帮助他们意识到这种想法的存在，其次要明白这种想法是对一个为满足"需要"的悲剧性表达。你要认真地向内觉察，分析到底是哪一部分"需要"没有得到满足，再把责怪自己的语言转化成正面"需要"的语言。

事实上如果我们无法倾听自己，也就很难倾听别人。如果我们认为自己犯下错误是因为我们有问题，那么别人做错事时，我们会怎么想？尤其是当孩子出错时，我们会怎么想？当我们试着倾听自己，和真实的自己保持连接，就能听到或者感觉到我们的做法究竟有没有满足我们的某些"需要"，然后把注意力集中在我们的"需要"上，就能够更好地满足"需要"，却又不失去自尊，也能避免评判别人的言语或者行为。

如果我们的内在残暴地责备自己，外在又如何创造平和的世界呢？平和是从我们的内心开始的。所以我们要试着内外兼顾，内心平和会创造更多外在平和。

孩子可以自己说话

有时候，学校想了解孩子和父母的一些看法，有些父母几乎包揽了和老师的全部谈话内容，孩子的意见变得无足轻重。很多时候，学校都不知道孩子对这件事到底有什么看法，也不知道他对什么感兴趣，基本都是从父母口中得到的"二手资料"。作为父母，不能当孩子的"代言人"，要让他们在社会上发出自己的声音。

父母具体该如何做呢？

1. 重视会话。孩子需要有独立思考能力，这样在与人交流的时候才能主动发起谈话，并响应别人的谈话。无论是分享激动人心的消息，或是谈论自己的兴趣或者愿望，还是提出必要的问题，你的孩子总有一天需要完全自行处理这些事。而童年时期、少年时期都应该留给他们宝贵的实践机会。

2. 为自己制定一个目标，要下决心让孩子尽可能表达自己的看法。随着孩子与父母的交谈锻炼，孩子的能力提升会令他们有更多的自信。日常生活中要不断增加让孩子自己陈述观点的机会，这就是在告诉他，你相信他有能力独立思考。

3. 当你知道孩子要和一个成年人交谈时，可以提前说明由他来主谈，父母只是负责提供他不了解的信息。实际上很多大人都非常喜欢孩子提问题并表达自己的想法，当孩子和成人交谈时，可以教他注意对方脸上的表情。如果你的孩子性格内向、害羞，可能巴不得由你来负责所有的谈话，那么即使你帮助孩子发言，也要明白你不是他，不能真正替他说话。所以你在表述时，可以说"孩了告诉我，他觉得……"

4. 要坚决抵制干涉的冲动。父母要努力做到不在孩子耳边叨叨咕咕，要给孩子机会，让他自己学会处理事务，尤其是在像商场、银行等一些安全环境里，父母完全可以站在一边来支持孩子成为交谈的主要对象。

5. 必要时补充你的看法。在孩子长大之前，你对某个主题的了解往往会超过孩子。你的想法很重要，但只能作为孩子想要表达的意思的补充，而不能取而代之。你要先让孩子发言，然后支持他的看法，补充你认为必要的东西，这就是赋权，尊重孩子们的思考和他们的生活。

对于孩子们提出的各种各样的问题，父母都有自己的看法，但父母的任务不是给他们答案，而是给他们提出更好的建议，让他们更深入地了解自己。父母也可以试着发现孩子想法背后的价值观，帮他们认识自己的优点和在主题领域的认知水平，以及心里的担心、恐惧和梦想，以便帮助他们更好地了解自己、审视自己，最终做出更好的选择，而不是依赖于权威人物，比如老师或父母。交流时，父母要引导孩子避免使用"应该怎么样""其他人都这样"或者"别人希望我这样"等方式进行表达。

创造表达观点的机会

如今孩子们的大部分时间似乎都用于思考学业或者课外活动，这些往往容易把孩子的注意力集中在自我身上。父母可以通过引导他们讨论周围的事情，鼓励他们对他人、对外物进行关注，以此培养孩子的成长性思维。

学校老师们经常说不管家庭成员的日程安排多么紧张，都要抽出时间共进晚餐。家人一起进餐会让孩子觉得父母重视他，会对他的心理健康产生积极影响。共进晚餐时，父母除了跟孩子谈论白天的经历和生活，还可以谈论时事，这有助于提高他的思维水平，提高他们的表达能力，提高他们对周围世界感兴趣的程度，同时提醒他们对未知的事物保持谦卑的态度，从而让他们对知识产生敬畏和渴求。

如何跟孩子谈论时事呢？

1. 提出一个有不同观点的话题。话题可能来自你读过的一本书，看过的一部电影，你们全家一起观看的电视节目，新闻报道的一件事情，也可以是家长、老师和学校关心的话题，只要有几个不同的合理观点就能形成对话。

2. 问问孩子的看法，询问他对这个话题的看法和理由。了解他的意见是基于什么价值观或预设？如果他的观点没有胜出，情况会怎样？会有什么后果？如果他的观点果真赢了，聊聊为什么情况会变得这样好？

3. 充当代言人。无论孩子站在哪一方，你都要表达与孩子相反的意见，而且你说的话和孩子表达意见所说的话数量要相当。解释为什么这个看法更好，说明你的观点依据了什么价值观或假设，以及坚持你的观点会有什么样的结果。家长跟孩子互动时，用鼓励和打趣的语气，不要用苛责或者挑剔的语气。

4. 鼓励孩子回应你的观点。鼓励他说出第一次提问时没有陈述的理由，权衡孩子的意愿度。在这个过程中，家长需要注意的是，不要让他感觉不舒服，不要在餐桌上交谈，不要把孩子逼到死角让他不得不奋起捍卫自己的观点。

5. 试着交换立场交谈。从头开始，家长同孩子对换角色，看看他们是否能清晰地表达与之前相反的观点和价值观。也可以选一个新的话题，当孩子说出最初的想法后，让它停下来，试着用另一个角度开始辩论。在家庭餐桌上谈论世界性的话题，不管是球赛，还是现在全球的疫情，作用不只是让家里每顿晚饭有开放性的谈话，而是让孩子的视角不单单只是落在学业和书本上，而是有机会参与更多的学业之外的议题，跟父母有更多的互动和连接，从而对自身知识的建构有良好的认知与解读。

培养独立生活的技能

如果你和孩子已经有去异地学习的计划，那一定要先考量一下孩子的独立生活能力：

1. 会买菜做饭吗？会自己去看病吗？

2. 可以独立阅读并理解药品的标签和剂量吗？

3. 能够完成复杂的清洁工作和维护工作吗？比如清理吸尘器、清理炉灶、疏通排水管等。

4. 可以独立参加实习、求职面试或找到兼职的工作吗？

5. 能否管理自己的财物，做到收支平衡？

6. 能否看懂租房合同？

7. 明白基本的汽车养护知识吗？比如给汽车加油、给轮胎充气或换轮胎等。

我相信很多父母看到以上这些清单的时候，眉头已经紧皱。对照清单回顾过去养育孩子的岁月，我们发现作为父母，总是大包大揽，为孩子做得太多，剥夺了他们享受自己做事的乐趣。所以，父母需要给孩子一个学习做事过程的机会，在一定限度内，允许他们尝试失败，享受做得更好的自由。

请父母在训练孩子生活技能的时候，一定记得培养孩子坚韧不拔和完全投入的品格，这可以为培养孩子的职业道德打下坚实的基础。

明尼苏达大学的马丽连·罗斯曼教授，根据戴安娜·鲍姆林德博士实施的一项纵向研究数据，得出了以下结论：世界上最成功的那些人，从三到四岁就开始做家务了，十几岁才开始做家务的人则相对不那么成功。

现在许多孩子往往不用处理日常生活琐事，这些事由家长或者其他人代劳。父母不让孩子自己照顾起居，以及负责保管财务和做饭之类的琐事，除了为了表达爱，为了让生活轻松安逸，恐怕也是为了保证把事情做好。当然这也是为了让孩子有更多的时间应对堆积如山的作业和许多校外课。孩子没有时间做这些日常生活的小事，所以我们经常为孩子代劳，初衷无比美好，但日后你会发现：像孩子准时到场看好自己的背包、会做饭之类的小事，其重要程度并不亚于写作业、弹钢琴或者其他重要的功课。

如果没有基本的生活技能，那么无论孩子的简历看起来多么光鲜亮丽，只要没有父母或者是照顾他们的人在身边，他们的生活就不能正常进行。这样的年轻人就没有做好人生成功的准备。

作为父母，你是宁愿永远为他们服务，还是愿意他们在离开家以后，仍然可以很好地照顾自己？本章案例中的小泽，凡事都要问爸爸妈妈，自己不思考任何问题，当然爸爸妈妈也从没想过让他独立，一家三口相亲相爱了十八年，一旦分开，生活问题层出不穷。这就是典型的"妈宝男"。好在小泽的父母已经意识到了问题的严重性，快速做了调整，我们转头看看现实生活中，又有多少孩子是这样的呢？

一个孩子如果总被父母牵着手过日子，什么事情都需要别人帮忙料理，那他就没有机会培养自己的控制感。控制感就是自我效能理论的核心，如果别人帮孩子做事，那么结果就不会在孩子的掌控之中。这种情况也会导致心理学家克里斯托弗·里德森和马丁·塞利格曼所说的"习得性无助"。所以，父母对孩子的教育要有一定的策略，以便培养孩子有"掌控感"的能力。

哈佛大学精神病专家乔治·瓦利恩特认为，童年做家务是未来成功的基本要素。爱德华·哈洛威尔是精神病学专家和作家，曾在哈佛大学做过教授。他认为，做家务能培养孩子"能做""会做"的感觉，这种感觉让人觉得自己是勤劳的人，而不是废物。

然而，现在的孩子做家务的时间比前几代人少了很多。

不仅如此，现在父母的日常生活也被孩子的课业和课外作业所占据，父母要陪着孩子学习艺术，上课外班、培训班等，家长们管它叫"协作培养"。如果孩子还没上大学，这种协作培养就几乎会耗尽父母大部分的精力，何况还有早送晚接、校内活动、课外活动、家长会、作业辅导……好像家长才是上学的学生，各类科目真是应有尽有。堆积如山的家庭作业，几乎把孩子压垮，孩子只要说一声"爸妈，我要考试了"，当父母的就会小心翼翼地伺候着，恨不得把饭喂进嘴里，好像他是残疾人一样，更别说让他做什么家务活儿了。

通过学做家务的过程，父母可以教孩子一些技能和价值观，孩子也会提升自己为家庭和团队做贡献的责任感、处理任务的自觉性以及满足最后期限和达到特定质量水平的责任感，还能树立把工作做好的决心，养成遇到挑战坚持不懈的奋斗精神，凡事采取主动态度而不是被动应付。

所以父母要记得，即使家庭的运转完全无需孩子出力，也要创造机会让孩子参与其中，做出贡献。因为只有懂得如何在家庭中贡献力量，将来他们走上工作岗位后才会懂得如何努力工作。通过家务劳动，能培养出孩子未来在职场中受欢迎的职业道德。所谓职业道德，就是卷起袖子做该做的事，预测将涉及的步骤，做事积极主动，而不是等着别人开口叫你。而对孩子而言，做家务就是最好的锻炼机会。

和孩子有效交流

父母想了解自己的孩子，就要抽出时间经常和孩子交谈，倾听孩子的心声，了解孩子的感受。美国心理学会指出，倾听和交谈是父母和孩子（尤其是青少年）建立健康关系的关键。

那么，父母需要如何做？

1. 让孩子找得到你。如果你有一个以上的孩子，请一定集中一段时间跟每个孩子单独交流，选择你认为孩子最愿意说话的时间，比如睡前时间、坐车上学的时候。找到合适的时间和孩子沟通，发起谈话，不要从你在意的问题出发，而是要以他们感兴趣或者比较在意的事情为切入口，你要表示出对此十分感兴趣。

青少年常常觉得父母只想谈成绩，谈学习，谈考哪一所大学。你要向他们表达你对他们的关心，关心他们的兴趣和情绪。只有在你的耐心和关心之下，你才有机会得到他们给到的最真实的答案。

2. 让孩子知道你在认真听他说话。放下手上的事，听孩子说话，保持眼神接触，听的时候不要打岔，即便你很难接受他们的看法，也要等他们说完，然后，把他们的话重复一遍。你可以说"所以，听起来你真的很喜欢这个"，或者"你觉得这件事压力很大吗"，以此来询问他们解决问题时，是否需要你的帮助或者建议，还是说他们只是希望你把耳朵借给他们就够了。

3. 以他们听得进去的方式回应。孩子们经常会考验父母，他们往往会讲一部分情况，测试一下你的反应。如果你认真听，鼓励他们说，他可能会继续把全部情况向你们表述。一旦父母出现情绪化或发火的情况,孩子立即三缄其口。

所以请注意,倾听孩子时,尽量保持自己的情绪平稳,时刻关注孩子的情绪,可以表达自己的感受和想法,但不要否定他们的观点,不要争论谁是谁非,你可以说"我知道你不同意我的观点,但这是我对这件事情的感觉"。

帮助孩子建立自信

高尔基说:只有满怀自信的人,能在任何地方都怀有自信,沉浸在生活中,并认识自己的意志。

培养孩子建立自信的十种方法

1. 挑前面的位子坐。英国首相玛格丽特·撒切尔夫人受父亲教导从小争第一,就是坐公交汽车也要坐第一排。她认为,在聚会中坐后排的位置是缺乏自信的表现,坐在前面比较显眼,能建立信心。

2. 练习正视他人。正视他人等于告诉自己:我很诚实,光明磊落。我坚信我说的话是真的。

3. 把走路的速度加快 25%。心理学家说,改变姿势和速度可以改变心理状态,走路比一般人快,则表现出超凡的信心。

4. 练习当众发言。从积极的角度来看,多发言就会增强自信。

5. 学会咧嘴大笑,即心理学家马丁·塞利格曼提出的迪香式微笑。根据哈佛大学的调查,小学照片能笑出八颗牙齿的人,未来的成功率更高。

6. 怯场时不妨说出真实情况,心就会平静下来。面对权威勇敢地表达自己的紧张和害怕，这样反而会消除恐惧，坦白也会有好的效果。

7. 用肯定的语气可以消除自卑感。在任何情况下，只要用肯定的措辞或叙述法就可以将同一件事情完全改观，例如心中默念"我一定行""我是可以做到的"，用自我肯定来驱逐自卑。

8. 用自我效能培养自信。通过替代学习和模仿，来开发自我效能，发挥自我效能，强化"我有能力成功的信念"，还可以用自我反思的练习提升自信。

9. 做自己力所能及的事，知道自己什么该做，什么不该做。

10. 努力完成一个小目标，增强自信心，可以慢慢地培养做事积极肯定的态度。

父母要教孩子做一个有自信的人，而"一个有自信的人"拥有十二个习惯

1. 拥有幸福感。懂得接纳自己，接受自己的全部。

2. 不妄加评论。不浪费时间评论别人的对错。

3. 在该说"不"的时候，勇敢地说"不"。

4. 多聆听和关注他人的感受，少插话。

5. 说话要有自信，有说服力。

6. 努力寻求每一个小小的成功，以便让自信心推动大成功。

7. 多运动。

8. 自己努力证明自己，不寻求他人的关注。

9. 不害怕出错，清楚地知道自己的能力。

10. 愿意尝试冒险，认为失败也是学习的方法之一。

11. 愿意赞美别人，聆听他人的想法。

12. 愿意寻求帮助，向更有经验的人学习。

父母如何与孩子相处？

培养孩子的生活技能，就意味着如果孩子给自己倒橙汁，洒了以后要自己收拾；培养孩子有职业道德，就意味着别人的橙汁洒了以后，你的孩子要帮忙收拾，而不是觉得"与我无关"，一走了之。当然，在教育孩子时，父母言传身教非常重要。你可以按以下的方法试试。

1. 父母要做示范。想让孩子去做事，自己却懒洋洋地躺在沙发上，无所事事，这可不行。传授职业道德最好的方法是以身作则。不论年龄、性别或者头衔，支援协助是每个家庭成员应尽的责任。让孩子看到父母在劳作，请他加入。下厨房时、维修物品时都叫上孩子，告诉他"我需要你的帮助"。

2. 期待孩子的帮助。父母（尤其是放纵型家长）往往非常关注孩子的幸福和快乐，知道孩子要忙着写作业、参加课外班。但孩子也需要从家务劳动中学习各种技能，这是社会生活中重要的一步。家务活儿就相当于就业后的繁重工作，是孩子为承担自己那份责任而做的事。当父母要求他做事或者给他布置任务时，孩子可能会不乐意，因为他更愿意和朋友打游戏、煲电话粥或者逛街游玩等。但是孩子一旦完成了父母要他做的事，他就会有一种成就感。

3. 不要道歉或过度解释。在做家务这个领域，父母可以解释规则和家庭价值观，但不要没完没了地解释让他做家务的原因。家长经常说的"我知道你不喜欢做家务，但你必须要学会"或者"我让你做家务，看你受累，我也感觉不好受"等等，这些话都是雷区。

过度的解释会让孩子觉得，你需要证明你的要求具有合理性。如果你在提出要求时、事件过程中或者事后，向他道歉，那就会削弱你的权威。要知道，作为父母，要求孩子帮忙是你的权利，也是你的责任。短期内孩子可能会有牢骚，但终有一天他会感谢你。

4.给出清晰明了的指示。要先想好你要让孩子做什么事，然后直言相告。如果是孩子以前没有做过的事，解释一下步骤，然后就别管了。孩子做事的时候，父母别在旁边盯着，也别追问细节。因为做这个不是要孩子按照你的方式做，你的目的只是让他做事而已。如果你在旁边唠叨，一会儿让他这样做，一会让他那样做，那他就没办法自己做。如果事情不是他自己完成的，那他就不会有成就感，也不会愿意再做这件事或者其他事。下一次如果你不在一旁明确地告诉他要做什么，他就不会主动去做。

让他们尝试，失败，再尝试。家长只用告诉他们"做完了告诉我一声，我来看看你做得怎么样"，之后你就可以离开了。除非是有危险的事，你才有必要从旁监督。

5.给予恰如其分的感谢和反馈，不要过度表扬孩子。孩子只是做了最简单的事，比如倒个垃圾，把自己的饭碗拿到厨房等，父母说一句简单、亲切、自信的"谢谢"或者"干得不错"就足够了。把你最高级的表扬，等孩子真正超水平发挥完成了一件特别的事情时，再用不迟。

也许有的时候孩子干得很好，完成得相当出色，但他也需要一些建设性的反馈意见，才能知道怎么样才可以保持下去或者做得更好。大多数情况下，你可以指出一两个问题，最好是下次他们可以做得更好的地方。例如，"你这样提着垃圾袋掉出来的东西可能会少一些""你可以把小碗放在大碗里面，然后再拿起筷子一起端到厨房，这样就可以一次拿多一些东西"等。

如果孩子没有完成任务，或者虽然完成了任务但质量不高，父母也可以让他知道。可以这样说，"晚饭后你收拾好了桌子，碗也洗了，做得很好，不过台面也需要擦干净,锅也要洗一下"。说话的时候要面带微笑,表示你没有生气而是在教导他,然后转身去做自己该做的事情就可以了。

随着孩子更习惯帮忙做家务,不用你叫他,他就会主动去做,这时候更适合用言语、眼神和身体语言传达"我看到你做了""很好"这样的意思,这就足够了。不要啰唆,啰唆反倒适得其反。

6. 把它变成常规。如果你设定了期望,让孩子知道这些家务每天都要做,而有些每周做一次就可以了,还有一些是季节性的,那他就会习惯这个事实。生活中总有一些事情他需要参与和帮忙,让他感觉自己有用,不但能让他感觉良好,还会得到承认。如果你总是对孩子说"我想你来帮帮我",或者你在看到孩子做事很吃力的时候出手相助,久而久之,当看到家人、朋友、邻居有需要的时候,孩子就会想办法去"支援"。

7. 常做家务的孩子在实习和求职过程中更顺利。所有的公司想要找的大学生或者毕业生都是那种卷起袖子积极做事的人。准备开始实习的学生们,不能一听到简单烦琐的工作,就没有兴趣了,而是要积极认真地完成,让领导看到自己的职业道德。

当孩子开始实习或者即将走向社会,你要给一些劝告。让孩子对工作本身要感兴趣,不要说"没关系,做行政工作没问题",而是要说"行政工作我手到擒来",要说"涉及的内容让我感到很兴奋,我愿意学"。承担自己的责任,不能让别人觉得这份工作对于你来说好像苦瓜一个,你愿意吞下它只是为了跨进公司的大门。这样的想法不可取,因为这个心思很快就会被发现。如果你的孩子只对升职之后的职位才感兴趣,对面试的实际工作并不感兴趣,那么没有任何一家公司愿意要这样的实习生或者是这样的求职者。

一旦入职,主动积极地行动起来。要能够预见到后续发展步骤,让孩子心里想"我知道接下来会发生什么情况""我知道如何先行一步",并顺利按照这些本能行事了。

> **— 家长大课堂练习 —**
> ## 我和你一起做
>
> 父母和孩子做一件比较有难度的事。例如：修单车或修理其他物品，并记录。
> 第1步，我为你做这件事；
> 第2步，我和你一起做；
> 第3步，我看着你做；
> 第4步，你独立完成；
>
> **思考：** 事先准备好较有难度的事情。
> **提示：** 要循序渐进地进行。

在家勤劳的孩子，成年后工作时更容易升职。所有的公司希望筛选的都是知道自己想要什么，并且愿意为实现自己的目标而奋斗的人。

俗话说，穷人的孩子早当家。家务活儿对他们来说只是强化自己做事的价值，而不是在帮助父母，这样的孩子在大学求职时就会顺利很多。而由父母陪同坐飞机来学校，由父母帮助收拾宿舍、买东西、洗衣服，并帮他们付房租、买保险，这样的孩子无法承担作为成年人的压力和艰辛，只能算半个成年人。

CHAPTER 8

没有终局的成功,也没有致命的失败,重要的是继续前进的勇气。

——温斯顿·丘吉尔

第八章

情绪和情感认知

本能与尊重，重塑恋爱观

案例分享

咨 询 人：悠然，20 岁
求助原因：对男人有认知偏差

悠　　然：我对男人有强烈的厌恶感，男人没有一个好东西！

咨 询 师：为什么有这样的看法呢？

悠　　然：（呵呵，她冷冷地笑了两声，沉吟了一会儿，平复了一下情绪）我五岁的时候，亲生父亲抛弃了我和妈妈，我就再也没见过他，更别提抚养责任了。后来妈妈再婚了，继父对我很不好。他曾经多次猥亵我，我看见他就害怕，可我又不敢告诉妈妈，只想快点长大，快点离开这个家……再后来，我亲眼看到我最好的闺密被男朋友无情地抛弃……于是，我对男人更是不信任至极。

可是，随着年龄渐长，我也渴望爱情。虽然我心底还是带着对男人的成见，可还是谈恋爱了。刚开始还好，彼此爱惜、包容，我耍性子，他都会哄我，向我赔不是，我以为我真的可以和妈妈不一样，可以拥有完美的爱情……可是，美梦终究会醒过来，我终于发现他背着我和低年级的学妹在一起了。我先是和他吵，后来又想挽回他，小心翼翼地讨好他。可是，我发现努力的只是我一个人，他根本就无所谓。就这样，两个月前我们分手了。分手以后，我吃不好，睡不着，快要崩溃了！

咨 询 师：我刚才听到你说"我终于发现他背着我和低年级的学妹在一起了"。为什么会用"终于"这个词呢？

悠　　然：（惊诧）我有吗？

咨询师：是的。我很肯定听到你说了。为什么是"终于"？

悠　然：我……我……我不知道啊！

咨询师：你们在一起的时候，你是不是从来没有相信过他呢？总是在怀疑他背着你有什么事情？甚至你经常偷偷地在背地里寻找他对你不忠的证据？

悠　然：（猛然睁大了双眼，一副受惊吓的表情）老师，你怎么知道？我以为我隐藏得很好……

咨询师：虽然你意识上是渴望拥有美好的爱情，可是你在潜意识里却从来没有相信过爱情。你下意识地怀疑、担心、恐惧，怕他有一天会离开你，可是，你却不由自主地在用你的怀疑推他离开。

悠　然：（静默许久）老师，这些日子，我想了很多，我也意识到了这个问题，可是，我控制不了我的怀疑……我甚至觉得，我的猜测都是对的，果然就发生了！

咨询师：你来咨询我的目的是什么？

悠　然：我想改变，我不想把下一场恋爱也搞砸了！

咨询师：好！只要你有决心，我们就一起努力。

（悠然因幼年被亲生父亲抛弃，自我价值感比较低，对父爱的渴望和被抛弃的愤怒交织在一起，把男人和厌恶情感形成了负面连接并造成了情感障碍；悠然被继父猥亵不敢告诉妈妈，在恐惧和担心中长大的她，对父亲和继父这两个男人的行为形成了"男人没有一个好东西"的想法；悠然作为闺密爱情失败的旁观者，看到闺密被抛弃，她觉得又一次印证了自己的想法。）

问题成因　悠然在和男朋友相处时，虽然渴望美好的爱情，可是童年的阴影和多年形成的理念，让她身不由己地用相反的行为刺激着这段感情，结果果然"印证了"。于是，更加强化了"男人没有一个好东西"的想法。

咨询效果

经过一个疗程十二次的咨询和疗愈，悠然意识到自己对父亲复杂的感情，也知道了信任观念的重要性。未来她还要建设一个新的家庭秩序和正面的观念，她可以不复制父母的经历，好好活出自己。悠然决定试一试，努力改变自己，得到期待的美好爱情。

童年创伤与负面认知

悠然的大脑把男人和厌恶这种情感建立了强有力的连接。对她来讲，这种连接是有根据的。

大脑通过神经元突触之间连接的方式工作，学习的本质是建立并强化某种有用的神经元连接，当然也包括破坏或弱化某种有限制的或有害的神经元连接。既然人的行为受认知的驱使，就应该考察一下认知的形成过程。

信念是人们对某种事物或思想坚信不疑并身体力行的心理、态度和精神状态。从神经元连接的角度看，信念是人们大脑的神经元建立起来的某种强烈而持久的连接。这些连接是通过很多的能量形成的，包含很多情绪、伤痛和思虑。长久以来，悠然从自己感知到的和经历过的素材中，归纳出一个信念性认知：男人没一个好东西。故而，她遇到的好男人也会被她看成坏男人。

她的大脑形成这样的信念是有原因的，幼年时被亲生父亲抛弃，被继父猥亵，长大后被男友抛弃等，这些经历都曾经消耗过她很多的能量，她的大脑在男人和厌恶之间也形成了强有力的连接。要想彻底消除这种连接，则需要更多能量来重新建立新的连接，用更大的能量去强化新的连接。人们建立新的更好的连接时，旧的连接并不会立即消失，只是逐渐用得较少，得到大脑供给的血糖和氧气也逐渐减少。

当人们有意识地强化新连接的时候，旧的连接因为使用较少而得不到足够的供给，自然就会削弱。当新的连接强化到一定程度的时候，新的信念和习惯才得以巩固。也就是说，养成新的习惯和破除限制性信念需要很长时间。人们没必要刻意去斩断旧的连接，只需要把注意力和能量转移到建立和强化新的连接上即可。自然界的法则是能量法则，能量投入到哪里，哪里就能得到强化和发展。

有一种伤害被称为"反刍式伤害"。事情已经过去了就应该尽早放下，把能量投入到未来更有意义和价值的地方去。可是当事人偏偏沉溺在过去的伤害中不能自拔，在悲痛、失望、内疚等负面情绪中不断反刍，持续不断地为不可避免、不可挽回的伤害投入更多的能量，因此造成的次生伤害甚至比原来的伤害还要大。

有一种畏惧叫"臆想式畏惧"。本来事情未必困难重重，只要努力去做就可以了。可是当事人总会在脑子里想可能遇到的困难，想象着事情会遭到某某人的百般刁难，某个任务会万般难干，臆想一些难以克服的困难自己吓自己，越这样想就越难，为困难投入能量，最后干脆放弃了。

能量投入到伤害，就强化了大脑的伤害回路，只能带来更多的伤害。能量投入到畏惧，就强化了大脑的畏惧回路，只能带来更多的畏惧。

案例中悠然的内心是孤独的，多年来对继父猥亵行为的担惊受怕，更让她痛恨亲生父亲的抛弃。她不敢信任男人，她担心、恐惧，在渴望好男人的同时，又摆脱不了自己多年形成的负面连接——"男人没有一个好东西，所以我讨厌他们"。即使是遇见好男人，也会不断地从蛛丝马迹里探寻"痛点"，找寻"破绽"，以证明自己的认知是对的。

可以说，女孩悠然的生命历程是坎坷的。可是，在我十几年咨询的生涯中，她不是最惨的，也不会是最后一个。对于他们，应该思考的关键是：

未来怎么走？长大的孩子们是有机会可以改写自己人生的。他们可以用学习、工作，用婚姻，用贡献……最重要的是用好的观念替换以前的负面观念，重塑自己的认知，从而得到自己的幸福。

情绪贯穿在情感里

精神分析的创立者弗洛伊德曾说：每个人都是情绪的奴隶。我们一直与情绪为伴，也一直被情绪影响。在爱情中，人也大抵如此。

许多人或许会疑惑："我们为什么总是难以控制一些情绪化的表达？"在做出一些情绪化的行为后，即便他们总会在恢复理智后意识到自己恣意放肆的情绪伤害到了自己的这段感情，然而他们也无法避免一而再地犯下这样的错误。

一个重要的原因就是，很多人总是凭借"本能"谈恋爱。弗洛伊德的"精神结构理论"是建立在无意识基础上的理论，这一理论认为人的精神由本我、自我和超我三者构成。在三者中，"本我"代表着本能的欲望，"自我"代表现实的制约，而"超我"代表道德层面的审判。在咨询工作以及生活中，我见到最多的往往是被本我所驱使，凭借本能谈恋爱的情侣。

凭借本能谈恋爱就意味着情绪化。正面的情绪对维系感情有所加持，但却很难抵消负面情绪对情感带来的伤害。

情绪化表达有两种类型：一种是外向型表达，即向外界（他人）宣泄自己的情绪；另一种是内向型表达，即向内（自我）宣泄自己的情绪。

什么是外向型表达呢？

举个例子，有一次我在路上和一位出租车司机闲聊，一聊起开车这事，他便开始和我倒苦水。他说自己一大早刚准备接第一单，结果车在小区里被人蹭了一下，虽然只是刮到后保险杠，但由于是大清早，借着起床气，他的情绪一下子就爆发了。于是，他把那个蹭他车的司机骂得狗血淋头。接下来的一整天，他心里都觉得堵得慌，没开多久就回家了。晚上老婆下班，看到他躺在沙发上，略带调侃地说了一句"今天怎么这么早"，他就立刻炸毛，和老婆大吵一架，然后，他又跑到楼下一个人抽烟。

这便是一种外向型的情绪化表达。

与之相反的，还有一些人的情绪化会呈现为内向型表达。有的人看似很开朗外向，但内心其实非常脆弱而且自卑。在产生负面情绪时，他们可能由于一些心理障碍，不会表达出来，而是选择以一种沉默的方式来拒绝沟通。这种情绪化的表达看似避免了争吵，实际上却是一种冷暴力行为。冷暴力给爱情带来的伤害，绝对不比争吵带来的要少。

这些情绪化的行为最终会加剧恋情中的冲突浓度。我们可以将"冲突浓度"看作是恋爱双方之间矛盾的积蓄。一旦冲突浓度上升到阈值时，冲突就会爆发，而爆发的结果可能就是分手。那么我们为什么会变成只凭借本能谈恋爱的人呢？这个问题可以从两方面来看。

首先最直观的一点，在恋爱中表现得情绪化是由于自身对本我缺乏足够的控制。"喜欢是放肆，而爱是克制"，相信很多人都听过这句话。这句话其实就是在表达一种观点：在爱情里，我们需要克制自己的情绪。然而，无法控制自己的情绪，并非是由单一因素造成的。比如有些人有心理障碍，从而导致自己无法控制自己的情绪，在爱情中会表现得更加情绪化，这是一种很常见的情况。根据世界卫生组织在 2018 年的研究结果统计，全球完全没有心理疾病的人口比率只有 9.5%。我们大多数人或多或少都有一些心理问题，只是有些人程度较轻，并未在生活中体现出来罢了。

除了自身原因，还有一些情绪是由于外界客观因素导致的。譬如当一个人需要面对巨大的学业压力和工作压力时，他几乎不可避免地被负面情绪包围。这些负面情绪会导致感性思维压制住理性思维，而感性思维占据主导也就意味着会流露出更多的情绪。

负面情绪对爱情的危害

作为恋爱"老司机"的父母，你是否了解自己的情绪和情感，读懂了自己的恋爱史？还是自己本就迷迷糊糊，却还要现身说法引导孩子恋爱？不管自己的感情是什么情况，父母都需要面对如何帮助孩子正确认识恋爱，树立正确的恋爱观这一难题。

面对互联网上铺天盖地的爱情鸡汤，很多孩子只是在不断接受，拒绝思考，并且把它们当作真理运用到自己的生活中去。在这些爱情鸡汤里，经常会看到这样的观点，即所谓"情绪化的女人才是真女人"。那么，情况真的如此吗？

一个追求男生失败的女学生找我来咨询，一开始她咨询的是追男生的套路，我从内在性格到外在穿搭，帮她分析了一下午。第二天她还是用原来的套路去实践，结果当然又失败了。她又回来找我，问我怎么办。我问她为什么最后还是选择用自己的办法，她说："我看了很多文章，觉得他们说的都很有道理，女人本来就是感性动物，为什么要委屈自己啊，我就想做我自己啊！用我的办法啊！"我只能表示无语。

很多女孩子在恋爱中都会陷入这样一个误区，认为"作"是一件自然而然的事情。她们总是把这样一些话挂在嘴边，即"女孩的心思你不要猜，也猜不透，受着吧"或者"女孩说什么都是对的，我说的就是真理"等等。

这些话作为一种理念，先是满足了一些女性内心的需求，被一些女性所接受。在被接受之后，这些话会再次传播，最终就定格成这些女性与男友相处的生活方式。

在此之后，很少有人会去思考这样的想法是否正确，也很少有人去考虑这些情绪化行为所带来的矛盾。于是，"你不接受我的情绪化，就是不包容我"，这句话开始变成"箴言"。

然而，观念比方法更重要。错误的认知和观念，无论用什么方法，都会导向失败的深渊。情绪化不是爱情中任性的借口，却是摧毁爱情的致命因素，那么如何在爱情里控制自己的情绪？

一些孩子会从自己的生活习惯入手。在学习之余运动健身，通过流汗的方式放松自己的身心，也使自己暂时不去思考一些烦人的琐事；或者调整自己的饮食结构，多吃一些素食，少吃大鱼大肉，这的确会给人带来更健康的体魄，同时也可以让自己维持一个不错的心态。

还有一些孩子会选择从思维方式入手。譬如，以便条或者备忘录的形式，不断提醒自己在产生负面情绪时要尽量控制自己。通过这种不断的自我暗示，最终使自己形成一种习惯。又或者，在日常生活中训练自己保持一颗平常心，在情绪爆发之前就能够处理好自己内心的负面情绪。

当然，观念的改变还是要大于方法的运用。再厉害的方法，仍旧需要人们对它足够认可之后，才会发挥功效。人，到底是情绪动物，每个人都不可避免地会产生负面情绪。问题的关键是，我们应当意识到情绪化行为或者凭借本能谈恋爱，对爱情是有伤害的。爱情还是需要更多的理智与包容。而且，一个不会控制不良情绪的人往往会在人际关系上栽跟头，不仅会影响爱情，也会影响亲情和友情。

我们最爱犯的错误是把最美好的自己呈现给不熟的人，却把最糟糕的部分留给最爱的人。很多感情破裂的原因，并不是什么原则性问题，而是负面情绪的累积和爆发。

生物学有这样的描述：生气时，大脑中的杏仁核刺激前额叶产生静电，破坏前额叶皮层记忆能力，阻断思考。心理学也有种说法，即情绪控制智商。也就是说人在情绪失控的时候，会忘记外界的威胁。

不可否认，男女两性在生理和心理方面均有差异，女性在情绪感受上更加丰富、细腻和敏感，所以女人比男人更情绪化。

在两性相处中，又作又闹又爱发脾气的通常是女人，男人对此大为苦恼，甚至认为女人无理取闹。一次两次，忍让一下就过去了，可是老这么磨损下去，就会把最初的美好消耗殆尽。

最后往往是在女人再次脾气发作之后，男人不再忍让，而是提出了分手。这时候女人便会极度委屈，心里想："我不就是有点任性嘛，不就是跟自己的男人使使性子嘛！我那么爱他，真心实意地付出，就因为一时没控制好情绪，发点小脾气，他至于非要跟我分手吗？"

试着改变负面情绪

当人发脾气时，体内会产生化学反应，刺激神经做出战逃反应（生物应对威胁时的一种生理反应）。从生物进化的角度来说，负面情绪是人类在进化过程中保留下来的，既然保留了下来，就说明它是有用的，比如恐惧、紧张、担忧、愤怒等，其实都是人类在面临特殊状况时的本能反应，是为了保护自己不受伤害。

要想学会控制情绪，必须明白情绪产生的根源：引起情绪波动的并不是外界发生的事件本身，而是人们对该事件的态度、看法、评价、认知。这是美国著名心理学家阿尔伯特·艾利斯提出的。

咨询室里，一对本来为了孩子来咨询的夫妻抱怨说："我让他爸为我做一件小事，这件事对他来说是举手之劳，可是，他居然拒绝了我，而且口气很坚决，没有一点商量的余地。这把我气得……愤怒、失望、伤心、怨恨等等负面情绪一下子都来了。等他再求我的时候，我也果断地拒绝，就为了出口恶气。一来二去，我俩互不相让，吵架成了家常便饭，到现在想改都改不过来了。"

按照艾利斯的理论，一个人的不良情绪并不是因为需求没得到满足这件事本身，而是个体本身对这件事所产生的想法和结论。

面对他人的拒绝，有些人的想法和结论是："他明知拒绝我会让我不高兴，可他还是毫不犹豫地拒绝，说明他根本不在乎我的感受，说明他不爱我。如果他想让我为他干什么，我肯定愿意去做，能让爱的人快乐，自己就会快乐，不是吗？如果没法满足我，他也可以说明原因，我自有判断，至少不会这么失望或者生气呀！"

有了上述的想法和推论，才会感到"被拒绝的生气、对他不爱我的失望、为自己在这段关系里的不受重视"而伤心，进而产生负面情绪。

一旦产生负面情绪，我们应当如何应对？

1. 承认和正视负面情绪。当负面情绪产生时，一味地压抑和逃避是没用的。这就好比我们遇到病痛时，医生在没有做出诊断之前，是不会轻易用止疼药一样。因为一旦感受不到疼痛，就掩盖了真实问题，没法判断到底是什么疾病。同样，否认和逃避坏情绪，就像掩盖问题的止疼药。

2. 用自我暗示法让自己冷静。马上做三次深呼吸，告诉自己："先等一等，我正处于激动状态，这种状态不适合做出任何举动和决定，小不忍则乱大谋，等一等再说。"最好能马上离开当时的环境，去做点别的事情。如果暂时无法离开现场，在心中从一默数到五十，然后再做回应。

3.改变对事件的主观解读。根据艾利斯的理性情绪疗法（简称 RET），要改变不良情绪，不应致力于改变外界事件，而应改变自己对这件事的态度、看法、评价、认知。只有改变不当的想法，才能减轻内心的不良反应。

看看汉字的"怒"是怎么写的，"心"上边一个"奴"，顾名思义，人一发怒，心就被奴役。再看看汉字的"恕"是怎么写的，"心"上边一个"如"，如其心，就是叫我们站在对方的位置去用心考虑，也就是我们常说的"换位思考"，这样才能宽恕。

多用积极正面的思维去看待事物，多用善意去解读别人的言行。尽量学会换位思考，才能越来越理解、体谅、尊重和宽容他人。

回看刚才的例子：

丈夫拒绝了妻子的要求，妻子意识到自己正处于非常不好的情绪状态，当时她很想冲他发火，质问他为什么不肯，为什么这么不在乎她的感受，为什么不愿为她做一点点事情，是不是根本不爱她……

如果妻子这样问了，后果一定是两人大吵一架。丈夫本来因为不能满足她的要求还有点歉疚感，这一吵，不仅不再觉得抱歉，反而产生逆反心理，妻子越要，他越不给，并觉得妻子是在对他情感绑架，凭什么她对他付出了，他就非得同等回报？她不是质疑他不爱她吗？好啊，他也因此发现自己确实不那么爱她了，怎么样？她满意了吗？

如果妻子在发作之前，深呼吸，告诉自己现在不要做任何动作，也不要做任何决定。稍微冷静下来之后，再分析自己对丈夫的拒绝所做出的推断是否正确。他拒绝自己，真的说明他不在乎自己，不爱自己吗？会不会他有什么苦衷呢？她是不是应该先了解一下丈夫为什么要拒绝她，再做判断呢？在情绪激动的时候，不适合就此问题继续讨论。等心平气和之后，再问他不能为自己做这件事的理由。

与身体上的暴力相比，语言暴力对人的伤害更深也更长久。人在情绪失控下说出的狠话，就像一把无形的刀子，会让对方的心不停地滴血。而且，无论过后说多少次对不起，那伤口会永远存在，在别人心中留下无法愈合的疤痕。

因此，我们与人沟通的时候要注意态度，不能用质问和责备的语气。而且，智慧的人要懂得遵循人性的规律，比如，知道人的逆反心理，就不要处处要求和指责；知道互惠原理，就知道人本能地会愿意以相同的方式回报别人为他所做的一切，前提是不被逼迫。承认和接纳自己的负面情绪，努力改变自己，学习站在对方角度看问题，并且遵循人性规律进行有效沟通，才能真正解决问题。

论情绪情感三观

如果孩子要恋爱，父母一定教会他正确面对恋爱中的三个因素：第一，金钱观念；第二，个人的隐私权；第三，恋爱双方有专一的责任。

金钱观

对于金钱，大多数父母都具有勤俭节约的美德。

网上曾经有个热议话题：话说父母终于把老电视换成新电视了，太开心了。但是当儿女拿起遥控器时，赫然发现产品自带的保护贴非但没摘，父母还在外面又包上了一层厚厚的塑料膜。这让遥控器摸起来很不对劲，数字还看不清晰，感觉与坐在一个罩着防尘套的新沙发上一样。

在年轻人的概念里，遥控器是消耗品，坏了买个新的也就几十块。父母也知道，但是很多父母就是喜欢在遥控器外面再包一层塑料膜，这是他们从年轻时候就养成的节俭习惯，并没有随着收入的增加而改变。对金钱也一样，不同时代的人对金钱的态度也会有所不同。所以光是遥控器包塑料膜这件小事，就显示出了截然不同的价值观。

网络上有一句话：上一代最担心的是无法完成任务，下一代最害怕的是错过当下的美好。你是认同上一代的价值观，还是下一代的价值观呢？你是被灌输了有房有车才有资格成家，继承了父母储蓄的观念呢？还是比较认同人生苦短，要及时行乐，享受当下呢？这些价值观影响着我们每一天所做的决定。

多年心理咨询的个案服务经验显示，谈恋爱时，如果双方的金钱观差异较大，没有沟通或达成共识的话，那将是日后最可能导致争执和分手的原因。

近年来还有一个社会变化，就是女性在职场的地位逐渐升高，虽然还没有达到百分之百的男女平等，但全社会正力求往这个方向发展。对许多女性来说，大学毕业以后开始工作，结婚以后当全职太太，这是很常见的选择。以前男人在外赚钱，女人在家看孩子，但现在也有不少家庭是男人在家，女人在外上班，这种角色的互换也逐渐开始被社会认同。

以前男女约会的时候一般都是男生买单，因为主要都是男人在赚钱，但现在不是。有些男生可能因为较晚进入职场，赚的钱反倒没有女生多。这时候约会还应该是男生付钱吗？也有的女生认为，约会时需要 AA 制，既然要公平，就不能让男人觉得女生需要被特殊对待。在我的观察中，持这种态度的女生不在少数。

也有女生坚持认为"既然要追我，约会就应该由他来付钱"。甚至她们还会搬出进化心理学的理论,说男人在追求对象的时候,会展现自己的物质条件和经济能力,让女人觉得这是一个养得起家、值得托付的男人,如果不让男人付钱,好像伤了他们的自尊心。

英国约会专家马修·赫西说过:"如果约会时男方不主动付钱,我会觉得这家伙没有礼貌,但如果约会时女方从来不提出要付钱,我会觉得这个女生没有礼貌。"他的论点是男生应该不介意为女人花钱,但他们会介意女人觉得这是理所当然的。女生既然不请客,但至少要表示有愿意付钱的心意,不然男人就会觉得被占了便宜。其实这和钱无关,而是一个心态问题。

父母应该给女生的建议是:如果你是一个收入稳定的女生或家境不错的女生,当男生约你时可以让他请客,可以和他一起 AA,或者下一次由你来请,也可以找个机会买个小礼物,以表示感谢的心意。

给男生的建议是,约会请客是开心喜悦的,但不要超出你的心理限额。如果你约出来的女生挑的都是特别昂贵的餐厅,那你就要做一个试探,带她去一个小小的饭馆,看看她的反应如何,如果她是不屑的表情,那你就可以有新的选择了。

经济状况会改变,但价值观却是长期形成的。孩子在热恋时可能觉得什么都好,但千万不要因为你觉得"未来会不一样"而去违背自己的原则,向自己的价值观妥协。即使价值观不同,也不代表无法相处,但一定要努力沟通。让两个人走不下去的真正原因,往往并不完全是因为价值观不同,还有无法尊重不同的价值观。任何事都是如此,金钱观更是如此。

尊重的意义就是高度关注和敬重对方的观点与感受,并且能肯定对方的能力与内在的特质。尊重可以让恋爱双方相互保持个体独立性,而不会让关系破裂。

— 家长大课堂练习 —
孩子恋爱第一关——金钱观

请家长和孩子聊一聊,并回答下面的问题:

1. 你的孩子有储蓄的习惯吗?
2. 有金钱危机意识吗?
3. 他(她)和另一半花钱有计划吗?

思考: 怎么教孩子树立正确的金钱观?

提示: 在金钱观念上,父母的引导非常重要。

隐私权

正因为恋爱既要理性看待又要感性认知,所以只有正确认识自己和对方,才能在这个矛盾的过程中过得自在些。

你的孩子对恋爱中的隐私权有什么想法?该不该看对方的手机?这类问题你们探讨过吗?

许多孩子认为当然应该看,他们认为"如果他(她)不给我看,我怎么能相信他(她)",又有一些人认为"当然不能看,这是我的隐私,凭什么说给他（她）看就给他（她）看"……一边我们要有隐私的维护，一边我们要有信任感的考虑，到底哪一个比重大呢？

韩国三星公司在英国做了一项调查，两千名受访者中，56%的人认为分享账号密码是真爱的表现；其中33%的人已经拥有对方的手机密码。54%的人认为，如果对方不愿意给他们密码，会令他们不安。同时调查还发现，十个人里有四个人平常会偷偷看对方的手机，而这一群人有六个曾经发现对方有"出轨的迹象"，这个比例高得非常惊人！

请大家注意，是有"出轨的迹象"，那什么是"出轨的迹象"呢？

比如一张彼此靠得太近的自拍，看似甜蜜的问候，半夜发来的信息……当然许多人会说，是不是出轨，他（她）自己心里有数。但当你用法官问案的态度跟当事人对质的时候，无论你假设他有罪还是无罪，最起码有一点可以确定——当你寻找类似可疑的信息时，就已经破坏了恋爱中的信任感。

这里给大家引入一个概念——"证实性偏见"，这个心理学名词是人类最根深蒂固的偏见之一。

"证实性偏见"是个人选择性地回忆、搜集有利细节，忽略不利或矛盾的信息，来支持自己已有的想法或假设的趋势，属于一种认知偏误和归纳推理中的一个系统性错误。当人们选择性收集、回忆信息时，或是带有偏见地解读信息时，他们便展现了"证实性偏见"。

在"证实性偏见"下，我们会更注意那些符合自己预设立场的信息，也会自动忽略不符合预设立场的信息。也就是说，如果你已经带着疑心来调阅对方手机的话，那几乎可以保证你一定会发现一些可疑的迹象，所以无论两个人彼此有多么坦诚，只要你偷看对方的手机，那你一定会失望。

为什么？因为当发现可疑的东西，你就会对对方彻底失望，而如果你没有找到可疑的东西，你会对自己失望，你会问自己："我是不是看得不够仔细？是不是我不该找？是不是我想多了？"……这些结果不管是对自己，还是对对方，都有负面的影响。

三星的调查发现，偷看对方手机的人有三分之一都发现过对方正在准备的浪漫惊喜。于是看手机的人很内疚，还要装出一副不知道的样子。所以当你选择去偷看对方手机的时候，你会因此觉得更快乐的机会微乎其微。那我们为什么还要做让自己不开心的事呢？越是在婚姻中对安全感有焦虑的夫妻，越容易发生出轨的行为。学者的结论是，这种焦虑状态对两人之间的亲密感所构成的威胁，足以增加双方寻求其他对象的可能性。

所以，该不该看对方的手机？

为了让你信任，我愿意让你看。

可是你有个选择，你可以看，但不应该看。

从这一点上应该能看出，想看对方手机的人是缺乏安全感的。如果你是想看对方手机的这个人，建议你要与对方坐下来好好沟通，沟通的话题不是手机的密码，而是如何建立安全感，要坦承你自己在安全感上的弱点，不要把自己的弱点变成攻击对方的武器。

安全感并不是因为手机，而是你心中对感情的信任度。现代世界中，我们内心最渴望的就是信任。人和人之间建立关系很容易，但要彼此信任却不容易。在心理学里，信任被分为认知的信任和情感的信任两个部分。

认知信任：我们相信对方可以协助我们得到想要的结果。认知信任讲究的是可以依附对方，获得自己渴望的心理状态。

情感信任：情感是人对客观事物是否满足自己的需要而产生的态度体验。情感上的信任更能反映感情中一方的感受，即相信对方可以给予自己温暖或情绪上的满足。

― 家长大课堂练习 ―
孩子恋爱第二关——隐私权

请父母和孩子聊聊，并让孩子回答：
1. 你们如何看待恋爱中的隐私权？各自的观点是什么？
2. 如何做既尊重对方又可以获取安全感？

思考： 人人需要隐私，如何做才是尊重对方的隐私呢？
提示： 父母可以先行探讨，达成共识后和孩子聊。

靠看手机了解对方一天的状态，是无法增加我们情感上的信任的，反而会令对方反感、抗拒。

专一度

孩子们有太多的选择和自由，这反而变成了一种压力。尤其是在寻找结婚对象的问题上，很多人搞得自己很苦恼，因为选择太多反而会得选择恐惧症。有选择恐惧症的人不敢做出选择，不敢承担选择的后果，所以往往会把选择权交到别人手里。

恋爱时，经常听人提到"爱情保鲜期"，心理学上有一个概念叫"快乐适应现象"，恰好可以解释它。就是当好事发生时，快乐指数会迅速飙升，但过了一段时间之后，还会回到原来的水平。相对来说，当坏事发生时，快乐指数会直线下降，相同的是过了一段时间后，快乐指数也会接近原来的水平。

如果某一天你的孩子失恋了，他会觉得世界就要毁灭了。但熬过这段时间后，他们就会自然地走出来。同样的，当你的孩子处在热恋期的时候，会感觉阳光特别灿烂，好像天天在梦里，一段时间后，快乐指数也会自然地回落到平淡的状态。许多人的恋爱出现问题，恰恰就是在快乐指数回落的这个时候。

以前的人分手并不容易，从父母那一代可以看出来，虽然会经常吵架、抱怨，但还是会深深地关心着对方。可是现在的年轻人，因为身边充满了各种诱惑和机会，感情一旦遇到挫折，脑子里立刻就跑出一个念头：天涯何处无芳草，何必单恋一枝花。

许多孩子总是不断追求新的对象，认为这样才能唤起兴奋的感觉。谈恋爱时的征服感和被征服感，确实令人上瘾。现代社会充满了感官上的刺激，各式各样的风貌像七彩的气球一样出现在人们面前，也消失得比以前更快。作为父母，要教孩子的不是如何对抗引发我们心动的事物，而是如何让这样的精彩和心动在心里维持更长久的时间。

"快乐适应现象"给我们两个启示：第一，给生活增加色彩。相处的两个人，要经常在实际感情中创造一些新的变化。例如到一个新的餐厅约会，去一个新的戏院看戏，或者到异国旅行，让自己的幸福感持续。第二，要善于欣赏。不要把双方之间的良好互动，视为理所当然。要学会欣赏，花一些心思去挖掘、去品味，创造快乐的过程会带给你许多感恩和感动，也能很好地保持爱情的新鲜度。

当看到外界有太多的诱惑和变化时，我们要试着改变自己，而不是对方。改变自己，才能让自己找到美好的爱情。

— 家长大课堂练习 —
孩子恋爱第三关——专一度

请父母和孩子聊聊，并和孩子讨论：
1. 现在的恋爱双方应不应该对彼此负责任？要不要专一？
2. 在诱惑和超多的选择面前，如何拥有健康的爱情？

思考： 父母如何与孩子达成共识？
提示： 父母要有意识地引导孩子认真地对待爱情，这是一种社会责任。

用"心"恋爱

谈恋爱需要注意尊重彼此的隐私权。因为信任，所以觉得什么都可以看，也可以因为信任，所以什么都不看（这里指的是手机），给予彼此安全感。了解"快乐适应现象"，明白热恋的快乐高潮终究会回到平静的水平线上，与彼此共同创造新鲜的体验，就能延迟快乐的适应期。恋爱中的两个人，双方或一方会因为没有安全感，而怀疑对方。如果因一方的对抗而造成生活的负担，就会让本来繁忙的生活更加烦琐，让情绪也跌入谷底。所以记得要及时沟通，学会欣赏与理解、互相忠诚、彼此尊重，这在现代社会里的婚姻爱情中非常重要。

在爱情中，如果幸福感不强或是感觉不幸福，可能是因为有些东西唾手可得。因为恋爱的感觉是来自那些最基本的互动,所以恋爱的双方要学会珍惜彼此、互相关注和正面沟通。

如果在金钱上与另一半起了争执,请记住这三个关键词:沟通、理解、尊重。这六个字作为解决问题的最高原则,也许会帮助孩子们更加珍惜自己的爱情,让彼此的感情更加深厚。

选男(女)朋友的重点不是挑最好的,而是教孩子把想要的变成最好的;双方不要追求公平的付出,而是要用"心"付出。无论两人的收入是否平等,付钱没有理所当然,要学会感谢并尊重彼此的付出。

爱情还有亲密、热情与承诺三大因素。一旦感情能有这三大元素的支撑和平衡,就是圆满的爱情。但在现实生活中爱情很少圆满,即便圆满,这三大元素也会随着时间而改变比重。或许两个人一开始热情比重较大,后来亲密变成了恒温,最后要靠承诺慢慢地度过。不管现在的你在乎的是亲密感多,热情多,还是承诺多,都需要两个人用"心"付出的意愿,才能持续经营爱情。

就像案例中的悠然,她想要了解什么是爱情,想得到美好的感情,就要下决心改变信念系统,重塑自己的价值观、人生观和世界观。给自己机会,客观地了解这个世界上的男人还有很多是好人;允许自己相信男人,从心里接纳自己,与父亲和解,也为了自己,放下对继父的怨恨,从负面情绪里走出来。正确了解爱情观,才能不重蹈覆辙,走向新的生活。

恋爱从来就不是两个人的事情,了解双方家庭的三观显得尤为重要。为了避免孩子结婚后因观念不同起冲突,从孩子谈恋爱开始,父母就和孩子聊聊爱情的金钱观、隐私权和专一度的重要性,以及一定要了解对方的家庭,为日后的幸福和谐生活打下坚实的基础。当然,前提是你的孩子是以结婚为目的谈恋爱的。

— 家长大课堂练习 —
我懂你的爱

请父母和孩子聊聊自己的爱情。
1. 父母和孩子谈谈自己恋爱结婚的经历。
2. 对孩子的恋爱，父母持怎样的态度？
3. 建立正确的恋爱观对下一代的影响是什么？

思考： 两代人的恋爱和婚姻观虽不同，可是都需要严肃认真地对待。
提示： 虽然孩子们不愿意复制父母的爱情和婚姻，可是，无意识的效仿还是存在的。

爱情大学问

约会、吃饭、看电影、情人节送玫瑰花、单膝跪地求婚、送戒指……恋爱有很多招数，这些是怎么形成的？恋爱中人为什么会按这个规则严格执行呢？随着时代变化，习俗会变，传统会变，连法规都会变。这些外在的招数，孩子们可能比父母熟练，毕竟影视剧里有太多的方法。故而，父母要教的是原则，提醒孩子注意下面几个方面。

爱情中的权力之争

恋爱的本质是吸引力，"经营"是吸引力诞生以后产生的博弈。恋爱一开始，双方几乎多少都是因为"性吸引力"而产生的好感。可是，当两个人在生活产生交集以后，各自内心都有一笔账，开始不断地盘算自己的"得失"。人与人在具体需求上能够互相满足，会产生强烈的相互吸引，这就是互补定律。任何一个团体，如果都是性格相近的人，那么很容易造成内部的不和谐，容易发生争执。这就是因为性格相近的人需求类似，同时对一个事物产生需求的时候，大家就会产生利益冲突。在这个过程中，两个人都希望在对方身上索取尽可能多的价值，并且尽可能少地付出。

难以避免的失望

当孩子在爱情里发现有超出对方能力的需求或渴望时，失望是注定的。当男生女生进入一段亲密关系之前，大多数人对于自己的爱情都会抱有各种美好的憧憬。如果一方无论是物质还是情感方面的渴望高于对方的情商和能力，那么他（她）的失望是必然的。

就好像很多女生会觉得，一个具有幽默感的男人特别有魅力，因为幽默感是一种情商和个人综合能力的侧面体现。这时，如果女生渴望男朋友是个特别能够读懂自己情绪的人，可是对方偏偏是个"情商不高""共情能力有限"的直男，女生的失望和发脾气就成了必然现象。而男生那边还一头雾水，不知道自己做错了什么，甚至连改进的机会都没有。于是，两个人都失望，也都痛苦。

两个效应

一个是"首因效应"，首因效应由美国心理学家洛钦斯首先提出，也叫首次效应、优先效应或第一印象效应，指交往双方形成的第一次印象对今后交往关系的影响，即"先入为主"带来的效果。虽然这些第一印象并非总是正确，但却是最鲜明、最牢固的，并且决定着以后双方交往的进程。如果一个人在初次见面时给人留下良好的印象，那么人们就愿意和他接近，彼此也能较快地相互了解，并会影响人们对他以后一系列行为和表现的解释。反之，对于一个初次见面就引起对方反感的人，即使由于各种原因难以避免与之接触，人们也会对之很冷淡，在极端的情况下，甚至会在心理上和实际行为中与之产生对抗状态。

另一个是"多看效应"，顾名思义，就是多增加你的曝光度，多跟对方接触，就容易让对方更加喜欢你。对越熟悉的东西越喜欢的现象，心理学上称为"多看效应"。

20 世纪 60 年代，心理学家查荣茨做过这样一个实验：他向参加实验的人出示一些人的照片，让他们观看。有些照片出现了二十几次，有些出现十几次，而有的则只出现了一两次。之后，请看照片的人评价他们对照片的喜爱程度。结果发现，参加实验的人看到某张照片的次数越多，就越喜欢这张照片。他们更喜欢那些看过二十几次的熟悉的照片，而不是只看过几次的新鲜照片。也就是说，看的次数增加了喜欢的程度。很多明星刚出道时，大众也是记不住的，但是多次出现在人们视野中的时候，就容易混个脸熟，观众对他（她）的好感度就容易上升，恋爱也是如此。

情绪控制手段

冷暴力、沉默，这通常是一种"情绪控制手段"。冷战，其实是一种"被动反抗"，也是一种"心理控制"。

最常见的一个例子，两个小情侣吵架的时候，只要男生一沉默，女生就开始胡思乱想，把事情想得很糟糕。形成这个心理的原因，一方面是女生确实容易想得比较多，把感情当成一件重要的事儿。另一方面，对男方而言，他或许只是想冷静一下，才不想说话的。可是，从另一个角度来说，无论是不是复制了原生家庭中父辈的处理模式，这样的行为在本质上就是一种关系的控制。

有时候，我们在亲密关系里想要的并不是爱本身，而是控制感。沉默背后的意思是告诉对方，"我不高兴了，你快点找个台阶给我们的关系低头道歉"。当对方承认自己错误的时候，被道歉方就觉得自己在关系里是"更加被在意的"，因此感觉自己有了关系的主导权，同时也有了安全感。

约会中的法宝——"吊桥效应"和"黑暗效应"

当一个人提心吊胆地走过吊桥的一瞬间，抬头发现了一名异性，这是最容易产生感情的情形，因为吊桥上提心吊胆引起的心跳加速，会被人误以为是看见了命中注定的另一半而产生的反应。

在光线比较暗的场所，约会双方彼此看不清对方的表情，就很容易减少戒备心而产生安全感。在这种情况下，彼此产生亲近的可能性就会远远高于光线比较亮的场所。心理学家将这种现象称为"黑暗效应"。

因此，在约会时想要推进关系，可以创造环境并加强气氛的烘托，借此拉近两个人的距离。同样，女生想吸引对方的话，穿红色更容易抓住对方的眼球。

俄狄浦斯情结

俄狄浦斯情结，又称为恋母情结。有严重俄狄浦斯情结的人有跟父亲作对，以竞争母亲的倾向，同时又因为道德伦理的压力，有自我毁灭以解除痛苦的倾向。这种情结反映的是原生家庭对感情关系的影响非常深刻，而且孩子未来的情感关系和互动模式很难跳脱出原生家庭的方式。据统计，人在长大以后寻找的配偶，不是类似于自己父母一方的，就是和自己父母一方完全相反的类型。（当然和孩子与哪一方生活也有很大的关系。）

还有个很有趣的事情：就算你再不喜欢自己爸妈的相处模式，你以后很大可能也会遵循这样的模式。我的一位女性朋友，家里是典型的"母强父弱"模式。她一直都想找个强势有领导力的男人，她就可以小鸟依人了。可是她每次找到这样的男朋友都会大吵特吵，最后以分手收场。这是因为多年的潜移默化，已经让她变成了和妈妈一样拥有强势女性内在的人，即使她渴望自己像个娇柔的小女孩，但渴望终归是渴望，她真的不适合同样强势的男人。

自我选择效应

很多人不是不会爱，而是先找错了对象，其后又错误地认识了自己。

什么样的选择决定什么样的生活。今天的生活是由三年前的选择决定的，而今天的选择将决定三年后的生活，这就是自我选择效应。一旦一个人选择了人生道路，就会形成沿这条路走下去的惯性并且不断自我强化。自我选择效应对人生的影响是巨大的。爱情通常是在吸引以后（吸引本身也是外在价值交换），权衡双方的综合价值作为前提的交往模式。

很多人总是觉得"我没有爱的能力"，其实只不过是弄错了两个问题。

首先是爱错了人，但由于可惜自己的投入成本，就越投入越多，不想承认自己选错了，没有及时止损。比如，你可以告诉你的儿子判断女生爱他的大致标准：当一个女孩"闹你，惹你，烦你，欺负你"，实际上就是将这个男孩视为供养者，虽然她也"爱"你，但她更爱的是你的养育价值，而不是你的基因，即你的人。当她"崇拜你，哄着你，惯着你，依赖你"，则是发自内心的，无怨无悔的，无论她是否能得到男人全部的爱，都想给这个男人生孩子。这是女孩对恋人的爱，她真正爱上的是你的好基因，爱的是你这个人。

其次是错误地评估了自己在婚恋市场的价值。选择比努力更重要。高估自己的价值，很可能会把自己剩下；而低估自己的价值，会被不如你的人看不起和打击。早一点认识自己和自己对于感情的心理需求，其实远比一味地要求对方如何做更容易找到自己的幸福。

皮格马利翁效应

好的另一半是夸出来的，即皮格马利翁效应。皮格马利翁效应原本是在教育领域很著名的一个效应，在恋爱方面也依然有效。相比较不停地打压和责怪，积极肯定对方的表现，往往会实现意想不到的效果。每个人内心都会期待得到正面的评价，所以，当对方受到正向评价的时候，他们总是会不由自主地想要维护住这份评价，于是往往会更加积极地表现自己。

在爱情当中，利用皮格马利翁效应的方法，给对方赋予某种正面高大的人格，不停地强化这种认识，那个人会为了维持住在你心中这样的人设，心甘情愿地去为你做事。

例如，有咨询者就因为对方说"亲爱的，我就喜欢你这种顾家、热爱生活的男人"，而主动幸福地打扫了一星期的卫生。

蔡格尼克记忆效应

最让人放不下的恋爱一定是前任——蔡格尼克记忆效应。很多人放不下前任，忘不掉初恋，并不是因为那段感情真的有他们想象的那么美好，仅仅是因为那份感情没有一个交代，没有完结，在他们的心中这个感情依旧处在"没结果"的状态。正因为无疾而终，所以这件事在他心里一直都没有画上句号，那种"如果当初……"的想法会一次次地折磨他，让他始终走不出那段感情的阴影。

所以父母可以告诉孩子：如果那个人对于你而言足够重要，你一定要至少试着挽回一次，虽然你不一定能挽回成功，但是哪怕挽回失败了，你们真的回不到过去了，至少可以断了你的念想，从此以后死心，否则以后的日子都会受到这样的折磨。

> — 家长大课堂练习 —
> ## 你我的洞见

> 请和孩子聊一聊，一起回答下面的问题：
> 1. 你曾经遇到哪一种效应？你是如何走出来的？
> 2. 和孩子聊聊：他有没有遇到过这些效应？一起分析这些效应的特点。
>
> **思考：** 我可以从中学习到什么？
> **提示：** 也可以通过别人的问题来对应效应特点。

人的一生为爱而活，而爱情是爱中很重要的一部分。所以父母要引导孩子认真对待爱情，才能为其一生的幸福稳定奠定基础。

CHAPTER 9

> 你在遇到挫折或暂时的失败时,你的解释方式将决定你会变得多么无助或多么斗志昂扬。
>
> ——马丁·塞利格曼

第九章

情绪与品格教育

幸福自我，成功的品质

案例分享

咨 询 人：小文母亲和小文（17岁）
求助原因：孩子迷失自我

（咨询室里来了一家三口，预约时我已经知道孩子是灼伤，而且双目几乎失明。）

小文母亲：小文在国外留学，夜里房东家着火了，孩子虽然跑出来了，可是面部和身体被灼伤，眼睛几乎失明。一场大火毁了我孩子的一生……

（孩子的母亲边说边掉眼泪，父亲面部表情痛苦。孩子睁着两只空洞的眼睛，不知望向何处，一副与我无关的样子，额头和腮边的灼伤清晰可见……）

咨 询 师：小文与你们沟通吗？

小文母亲：很少沟通。自从把他接回来，他每天木木的，就好像傻了一样。有时候会突然狂喊大叫，哭嚎……不过近一段时间他发呆的时间越来越久了。我担心他再出别的问题，所以来看看……

（咨询师让其父母回避一下，想单独和小文聊聊）

咨 询 师：想和我聊聊吗？

小　　文：……

咨 询 师：如果我和你聊的话题让你想起了令你不舒服的事情，我很抱歉。我知道回忆这件事会让你很痛苦……

小　　文：（抬了抬眼皮，轻轻地动了动头部）

咨 询 师：我会尊重你的想法，你什么时候准备好了，咱们再开始。

我会一直陪着你。

小　　文：（静静地坐着）

（咨询师耐心地等待着，五分钟……十分钟……咨询师一直用同理心感受着小文的呼吸，细微的肢体变化，使自己的呼吸和肢体动作与小文达到同步。）

小　　文：（终于……长长地呼了一口气）

（咨询师知道他的第一道防线打开了一道口子）

咨 询 师：谢谢你对我的信任。

小　　文：（很艰难地开口）我还有以后吗？

咨 询 师：你指的是……

小　　文：眼睛能恢复吗？

咨 询 师：医生怎么讲的？

小　　文：我爸妈和医生谈的，他们只是告诉我好好养就会好，可是我根本就不相信！

咨 询 师：是不相信你的眼睛会好，还是不相信父母说的话呢？

小　　文：都不相信。

咨 询 师：那你想让眼睛看见东西吗？

小　　文：当然。（回答得非常快，很迫切）

咨 询 师：你还想要什么？就是你刚才说的，以后……

小　　文：（很缓慢地回答着，好像在心里已经重复了很多遍）除了眼睛能看见东西……我还想摄影……还想打球……还想画画……想继续留学……我还想以后能成为成功的人……

咨 询 师：想要让这些事情实现，只要做到一点，只要一点就够！

小　　文：什么？

咨 询 师：你能做到吗？

小　　　文：能！我能！

咨　询　师：重新振作起来！向现在要未来！这需要过程，可是你有希望可以达成。只要你有坚韧的毅力和不屈服的精神，一定可以成功。

小　　　文：需要多久？

咨　询　师：需要多长时间恢复由你自己决定，时间掌握在你的手里。关键是，开始的时间定在什么时候？

小　　　文：我明白了，我和父母商量一下。

（小文从烧伤的这一刻起，就开始了被心理、生理和社会等多种因素干扰的漫长历程。这个历程中，小文的身体需要医院系统的治疗，必须在医院进行，他还要配合进行心理咨询，精神障碍的发生及其诱因各有特点，他的心理问题需要心理学的技巧）

问题成因

- 小文的生理反应期，即烧伤后到病情基本稳定期间，他主要面临的是生理性应激反应。这个阶段主要并发的精神状况，以自制能力、思维记忆和认知能力的减弱为特征，伴随着一些精神状况如幻觉、妄想和躁动。这些会随着生理状况的好转减轻，不会留下精神后遗症。这个阶段需要注意的是关于疼痛的问题，在换药期间产生的焦虑和抑郁的心态。
- 心理反应期，为烧伤患者的病情基本稳定到出院期间。这期间生理状态相对稳定，小文开始关注外表、形象，以及如何面对将来的生活等问题。如果孩子不能顺利地接受伤残的事实，有可能会导致精神障碍的发生。在心理反应期，有些人会出现抑郁症状，即急性创伤后应激障碍。
- 社会反应期，为烧伤痊愈出院至其后一年期间。这期间小文会关注的问题，除了自身外表形象和躯体活动障碍之外，还有一些来自社会因素的干扰，如亲朋好友是否在意其外表的形象变化，自己活动受限是否被朋友们疏远，能否复学等一系列回归社会后面临的现实问题。如果这期间心理上没有做好充分的调整，就有可能导致精神障碍的产生。

咨询效果

小文经过一年的医院治疗和心理干预，情绪比较稳定，这期间他学习了盲文，可以看书，睡眠状况良好，焦虑大大减轻。遗憾的是，小文的眼睛恢复得不太好，不过经过了这么长时间的干预，他开始接受了自己的现状，不再封闭自己，并在妈妈的支持下，开始学习心理学，为一些盲人学生解答心理学的问题，找到了自我价值感和成就感。

成就的定义

富兰克林·罗斯福说：幸福不在于拥有金钱，而在于获得成就时的喜悦以及产生创造力的激情。

说到成就，我们首先联想到的是一些伟大的人。只是，这些能够超越绝大多数人并取得巨大成就的，毕竟是少数，因此通过取得那样的成就来获得幸福，也只是少数人可以达到的目标。成就的定义，当然不会也不能局限于此。

积极心理学的研究目标是使大多数人获得幸福。而我所谈的成就是指，达成个人的理想和目标。无论这个理想和目标与别人比起来是怎样的，只要它属于你自己，并且通过努力达成了，就代表你取得了成就。

马丁·塞利格曼将获得成就的最主要因素概括为一个公式：

成就 = 技能 + 努力。

他认为成就的定义不仅仅是行动，还必须朝着固定的特殊的目标前行。

人们对成就和幸福的关系也有许多不同的看法。比如"我现在不幸福，是因为我还没有权势""等我有钱有权了以后，我就会幸福了"，或者"成功的人不一定幸福，他们压力很大，或者家庭并不美满"。其实这些看法都不够客观和全面。诚然，幸福和成就密不可分，个人目标达成与否是影响幸福感的关键因素之一。譬如，心理学家爱德华·迪纳在1985年指出，幸福是在达成自己的目标和理想的过程中所产生的满足感和快乐感。

心理学家陆洛和施建彬通过研究发现，中国成年人幸福感的来源主要包括了自我控制和自我实现，但这不足以阐明成就与幸福的因果关系。不是成功带来了幸福，而是幸福带来了成功。幸福的人追求梦想和成功的意愿更加强烈；幸福的人对待事情的态度更为乐观，也更受他人和社会的欢迎；幸福的人常常会有更良好的心理素质，满意自己的生活，并且会更加努力地追求梦想。

对于教育而言，了解幸福和成就的关系尤为重要。一方面，孩子的幸福在一定程度上和他们取得的成就特别是学业的成绩有关；另一方面，让孩子更快乐地学习，也会让他们更容易取得优异的成绩。孩子在学习过程中体会到幸福感时，无论这种幸福感来源于情绪、关系、人生意义，还是成就本身，他们都会更容易获得好成绩。因此，无论是为了孩子的幸福，还是仅仅为了提升学习成绩，积极教育都将发挥极其重要的作用。

影响一个人获得成就的因素有很多。对于一个学生来说，影响他学习成绩的因素可能有家庭收入的高低、父母的文化水平、学校的等级、老师的课程安排、与同学相处的人际关系，甚至还有考试的运气，等等。然而这些因素都属于外在因素，很难受到本人的控制，我们需要探究的是影响成就的内在因素是什么？内在因素和方法可以通过教育和学习习得，是可以自主控制的。如果孩子培养了相应的能力和品格，就更有机会在学习乃至以后的生活中实现自己的目标，获得更多的成就以及更幸福的生活。

提高自我效能的意义

在日常生活中,我们会经常用自信来描述一个人很信任自己的感觉。在积极心理学的研究领域,这种感觉被称为自我效能,意思是个人对自身成功应对特定情境的能力的评估。

在日常生活中,我们会发现自信的人更容易成功,也更容易从容地面对困难,接受挑战。于是在学校,老师也希望提高学生的自信心。但是自我效能并不是天生的,它是外界的环境、个人的能力和成功表现等交叉作用的结果。

心理学家阿尔伯特·班杜拉认为,自我效能的主要来源有四个,可以通过这四点来提升。

1. 过去的成就和表现。如果自己亲身经历过一次成功,那对自我效能的形成会影响非常大,因为已经有了一次成功的经验,自己对成功的感受和体会非常深刻,而且充满信心。所以老师、家长要多创造机会,让每个孩子都能得到成功经验。尤其是能力一般的孩子,要给他们设定比较低的目标,让他们能体验成功的喜悦,然后逐步把目标提升,增强自我效能。这样有利于孩子慢慢把自信心建设起来。

2. 替代性经验。我们经常会在内心设定一些偶像和目标人物,观察他们的行为和结果,并以此学习,这样也可以增强自我效能。或者看到平时表现还不如自己的人取得成功,也会有效地提高自己的自我效能感,增强自信心,相信自己也一定有机会可以成功。我们看过听过一些伟人或者很多励志的明星故事,但不一定每一个都可以起到增强自我效能的作用。所以,不妨把目标集中在我们身边的人身上。

3. 言语上的说服。父母、老师的鼓励、评价、建议和劝告，都是可以增强自我效能的有效方式，在鼓励孩子努力克服困难的同时，要表达对孩子的信任，还要有积极的评价，这会增强他们的自我效能。

4. 情绪与生理状态。如果有生理上的疲惫、疼痛，或者强烈的负面情绪反应，都可能会影响自我效能的判断。所以父母和老师要留意，协助孩子调节情绪，尤其是在准备考试或者准备比赛前后，要提醒孩子睡眠的重要性，并教授一些缓解压力的方法。

除此之外，就是有意识地培养孩子面对困难的勇气和坚毅的品格。

拥有坚毅品质的好处

2013年9月份，高达六十五万美元的麦克阿瑟奖学金被颁给了安吉拉·达克沃斯女士。因为她在一个研究领域取得了巨大的飞跃，在经过长达数年的研究后，她得出"坚毅"是让人成功的决定性因素。她和团队经过几年的调查发现：决定一个孩子能否成功的不是智商，不是情商，不是家庭背景，而是"坚毅"。坚毅，是衡量一个孩子未来收入和幸福程度的一个重要指标。

何为坚毅？"坚毅"又称"坚毅力"，英文是"Grit"。这几年里，这个词反复出现在公众的视野里，大家都把它视作成功的必备因素之一。安吉拉·达克沃斯曾经发表了有关"坚毅（Grit）"的TED演讲，在演讲中她提出"坚毅"是指对长期目标的持续激情及持久耐力，是一种对目标的专注投入、坚持不懈，是一种包含了自我激励、自我约束和自我调整的性格特征。

生活中，我们怎么判断孩子身上是否具备"坚毅"的品质呢？很简单，如果你见一个孩子能很投入地一直做一件事很久，这就是坚毅。

而后，她在 2006 年创作了一本书，即《坚毅：释放激情和毅力的力量》。她在书中详细系统地分析了关于"坚毅"的科学道理。"坚毅力"会给孩子带来哪些正面影响？

1. "坚毅"作为一个人品质的内驱动因素，可以推动他走向成功。

2. 拥有"坚毅"品质的孩子，显得更加自信，具有高度的自我认可。

3. "坚毅"能让人在面对挫折时，保持一份积极乐观的心态，坚持不懈地解决难题。

4. "坚毅"会使人更加专注于做好一件事，培养"工匠精神"。

5. 拥有"坚毅"的孩子在学习中能获得比较优异的学业成绩。

坚毅是激情、韧性、决心和专注的独特组合，它能让一个人保持自律和乐观，即使面对不适、拒绝和多年看不到进展的困境，也能坚持自己的目标。"坚毅"是一种能力，坚持你所热爱的事情，并在面对障碍和困难的时候，能够坚持下去。这种激情与强烈的情感或迷恋无关，而关乎方向和承诺。当你有这种激情的时候，你可以持续致力于一项可能是困难或无聊的任务。

当我们看到郎朗演奏钢琴时如痴如醉的神情和易烊千玺充满青春朝气的舞步，听到李健那深入人心的歌声，我们会觉得成功似乎很容易，但是我们没有看到的是他们背后的付出，那里面或许包含了无数的沮丧、疲劳，还有数不清的练习和调整。如同安吉拉·达克沃斯所说，向着长期的目标保持自己的热情。即便经历失败，依然能够坚持不懈地努力下去，这种品质就叫作坚毅。

可以说，成功的终极品质就是坚毅，而坚毅的人更容易成功。尤其是对长期的目标抱有持续的热情，并且在困难面前坚持不懈的人，无论在学业上还是未来的工作上，都会有很大的成就。

乔布斯的经历，对坚毅这种品格是一个非常好的诠释。众所周知，他20岁那年和好友在家中的车库组装了一台电脑。他非常热爱这件事情，因此创办了苹果电脑公司，虽然中途停滞了一段时间，但他依然坚持自己热爱的事业，多年后重返苹果公司，创造出了改变人们生活方式的苹果手机。他一直在坚持，他说这是他最热爱的事业。尽管我们不是乔布斯，也不可能都取得像乔布斯那样的成就。但老师和父母可以培养孩子坚毅的品质，这有利于孩子将来在各个领域取得成绩并获得更大的幸福。

如何培养坚毅品质？

"坚毅"对于一个人走向成功具有非常重要的推动力，拥有"坚毅"的人也会有着强烈的自信心和自我认可度。安吉拉·达克沃斯认为：坚毅＝热情＋坚持。也就是说，要培养孩子的"坚毅"并不仅仅只是从"坚持"入手，还要注重培养孩子的"热情"。达克沃斯提出了培养孩子"坚毅"的五个原则。

"坚毅"不只是"坚持"

在"坚毅＝热情＋坚持"公式中，"热情"对于"坚毅"来说是很重要的一部分。如果说坚持是一辆行驶的汽车，那么热情就是驱动汽车行驶的燃料。那么，"热情"从何而来呢？都说"兴趣是最好的老师"，要想培养孩子的"热情"，父母首先要做到的是观察孩子的兴趣爱好，而不是由着自己的心态、爱好和功利心，强迫孩子去学习，这样只会加重孩子的负担，打击孩子的自信心。

爱与坚持相互促进

世界上没有任何一份工作，其中的一切都是让人喜欢的，但是研究发现，工作与个人兴趣的匹配度越高，我们就越能发自内心地努力，并获得幸福感。当有人问"你幸福吗"这个问题时，估计没有几个人会回答"我很幸福"。人们为什么感到不幸福呢？原因就在于无法做自己想做的工作，不能过上自己想过的生活，被现实所困，许多人的一生都在漫漫长路上寻找着自己的"真爱"。一旦找到自己喜爱的事情，就会坚持不懈做下去，因为我们从中可以获得热情、幸福和成就感。所以，父母要引导孩子找到自己的专属领域，找到自己的"真爱"，让孩子成为目标明确的人，那么坚毅的品质也会在这份"真爱"的实现过程中凸现出来。

寻找和试错也很重要

在寻找"真爱"的过程中，我们总是会经历一些挫折和误判，保持一颗积极乐观的"试错心"也很重要。在前面几次探索"真爱"的失败经历中，我们可以得出相关的经验和教训，也会进一步加快我们找到"真爱"的步伐。对于孩子而言，游戏先于努力，而且鼓励至关重要。尤其在刚开始做一件事的时候，孩子们更需要自由和鼓励，才能弄清楚自己真正的兴趣是什么。

其实，父母也可以采用一些科学的方法帮助孩子尽早地找到自己的"真爱"。这里我们推荐使用"WOOP思维"方法。

WOOP思维，是由加布里埃尔·厄廷根教授用二十多年时间通过实验和推理提出来的一种全新的思维方式，可以帮助孩子寻找和尝试自己的兴趣和目标。

WOOP分别代表着四个英文单词：

W（愿望，Wish）——想想你最想实现的愿望和目标；

O（结果，Outcome）——设想一下实现目标最好的结果是什么；

O（障碍，Obstacle）——分析实现目标过程中遇到的阻碍和障碍；

P（计划，Plan）——使用"如果……就……"的句型制定实现目标的详细计划。

"想"≠"做"，梦想和实现之间，或许隔着一整个北京城！正如保罗·格雷厄姆在《黑客与画家》中提到的，"你必须对解决难题的可能性保持乐观，同时对当前解法的合理性保持怀疑"。

"坚持之道"在于刻意练习

安吉拉·达克沃斯在教育自己孩子的过程中，有一条"难事原则"，指的是孩子们可以自己选择感兴趣的"难事"，但要承诺坚持一段时间。在这个时间段内，不能放弃，之后可以选择退出或继续。对于坚持这件事来说，投入足够的时间固然重要，但更重要的是练习的方式。

相信很多人都听说过"一万小时定律"，也就是说在某个领域，如果肯花一万个小时去苦练，那么你也能成为这个领域的专家。由此可见，坚持是可以通过练习来培养的。

我们可以借鉴一下达克沃斯的做法。让孩子自己选择一件感兴趣的事情，譬如孩子喜欢踢足球，那父母就可以鼓励支持孩子坚持一段时间每天去踢足球，然后一段时间后，孩子就会慢慢养成"坚毅"的品质了。

教会孩子如何面对失败是关键

有着"坚毅"的人并不代表他能够以乐观积极的心态面对挫折，有的人甚至会因为失败而放弃或者一蹶不振。

所以，教会孩子如何面对挫折也是很重要的一个环节。鼓励和支持是必不可少的，孩子失败的时候，一味批评指责的父母伤害孩子最深。最好的办法是先给孩子一个拥抱，安抚孩子的情绪，然后再耐心倾听孩子的诉说，之后再与孩子一起寻求解决问题的对策和方法。

父母可以多跟孩子分享一下自己曾经失败的经历和过往,让孩子知道并不是只有他才会失败,更加要让孩子知道"失败乃是成功之母"。

"坚毅"是孩子成长发育过程中必不可少的优秀品质之一,父母在平时的教育中,可以多关注培养孩子的内在驱动力,而不要只注重表面的成绩和行为,内在的力量往往比外在因素更重要。

— 家长大课堂练习 —
我是个坚毅的人吗?

请父母和孩子一起回答:
1. 面对挫折时,我会不会妥协。　　　　　　　　　　　(　　)
2. 我很快会喜欢某一个活动,但只有5分钟热情,马上又失去
   兴趣。　　　　　　　　　　　　　　　　　　　　(　　)
3. 我是一个认真踏实工作的人。　　　　　　　　　　(　　)
4. 每次我设定一个目标,在做的过程当中,却经常会动摇。(　　)
5. 如果一件事情持续得比较久,我比较容易放弃。　　(　　)
6. 只要我做了决定,我就会坚持到底。　　　　　　　(　　)
7. 我是一个勤奋的人。　　　　　　　　　　　　　　(　　)

思考: 回答完毕,和孩子交流彼此的感悟。
提示: 是什么行为让父母看清自己是不是坚毅的人?你的孩子是不是拥有坚毅的品质?既然成功的终极品质是坚毅,而坚毅的人才更容易成功,那么我们要如何培养坚毅呢?

优势品质教育

许多孩子在高中时期学习非常出色，经过严格的升学考试进入大学后，对学习却再也提不起兴趣，遇到困难也无法克服。还有人会经常沉迷于游戏或其他易上瘾的活动中，学习成绩直线下滑、挂科，甚至被劝退。这样的事情不单单发生在一两所学校里，在全球几乎所有的学校里都有发生，所以它并不是个例。

那么为什么在中学时代可以获得优异学习成绩的学生，在大学却不能保持好成绩呢？原因是许多学校只重视提升学习成绩和认知能力，但忽视了对孩子性格品质的培养。

如果你问孩子："学习的目的是什么？"他们可能回答："考上大学。"考大学成了孩子们的终极目标。可是，上了大学后，学校的管理和他们多年养成的习惯完全不同，不再有父母的每日督促，学习方面更多要靠自律。然而习惯于凡事由父母出面解决的孩子们，缺乏坚毅、感恩、乐观、好奇等品质，或者这些品质从来没有好好地被挖掘过。可想而知，这些孩子要想适应大学生活并取得优异的成绩，是件不太容易的事情。

积极心理学家们建议在学校里增加积极教育，培养孩子的优秀品质。在关注成绩之外，培养学生未来面对挑战时保持热情的品质，以及不断进取、百折不挠的韧性。这些品质是孩子们在未来生活中不断获得成功的保障。

国际积极教育联盟（IPEN）提出，教育的DNA也是一个双螺旋结构，由同等重要的、相互影响的两条螺旋组成，即学业能力及品格与幸福。为了提升这些重要品格，英国教育部邀请各大院校申请"品格奖"来争取成为品格教育的领导者，该奖项每年颁发一次，并鼓励学校对不同领域提出意见，包括坚持不懈、韧性、坚毅、好奇心、诚信和尊严。

马丁·塞利格曼在《持续的幸福》一书中指出，积极心理学研究的不是幸福，而是全面的蓬勃人生。它有五个支柱——积极情绪、积极投入、积极人际关系、积极意义和积极成就。在蓬勃人生理论里，二十四个优势支撑着这五个元素，归纳为六大类，如下图。

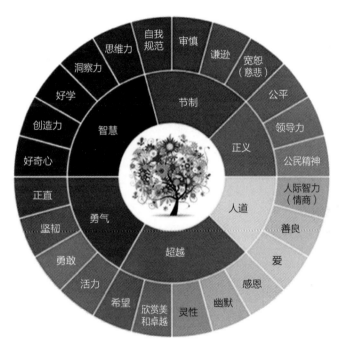

（清华大学社科学院积极心理学研究中心绘制）

优势品质能帮助自己和别人成长，使人生更加美好。而且，一个人的优势不会妨碍别人，而是会激励和促进他人进步。优势品质是一种心理特征，它稳定地存在于一个人身上，并且会在不同的情境中显示出这种特性。偶尔一次没有说谎并不代表你就正直，偶尔一次原谅别人并不代表你有宽恕的美德，这种优势品质需要长期的努力才能拥有。

坚持练习非常重要

赛利格曼教授认为，优势必须是可以后天培养的，如果哪一项由先天素质决定的，那就叫作天赋，而不是优势。所以二十四项优势品质，都可以通过后天的努力来提升。任何人只要愿意付出努力，采取正确的方法，都可以提升自己的优势。

父母和孩子设定好目标后，刻意地练习，会帮助孩子发展技能，并促进孩子与技能高度相关的脑区域发生变化。怎样做到"坚持练习"呢？

首先，要围绕自己要发展的技能，设计出一整套行之有效的训练方法。可以寻找在这方面很有经验的大人来支持孩子。

其次，要刻意练习，坚持练习。按照计划，每个阶段都要有一个清晰的目标，刻意地、持续地练习，慢慢累积系列细小的行动，就可以达到自己想要的目标。

坚持练习不是为了好玩，而是为了打破自己的舒适区，重新塑造出一个全新的、更大的、适合自己的领域。坚持练习的过程中，会遇到一些挫折和难以坚持的各种困难。要努力地走出舒适区，虽然这个过程比较辛苦，就像跑马拉松，但只有走出舒适区，才能看到不一样的风景。

坚持练习，要有及时的反馈。可以通过各种表格管理自己的练习，从而快速发现问题和错误，及时调整目标。

坚持练习的过程中，要注意从曾经获得的成功中提炼出自己以往的经验，并坚定自己的信心。

当然，父母教育孩子，要先从自己开始。自己能管理好自己，持之以恒地自我训练，把个人身上的优势品质激发出来，才能让孩子信服。

如果家长可以持之以恒地坚持练习一段时间，你会发现你的精神面貌大不一样。这需要自己来体会，真是只可意会不可言传。

— 家长大课堂练习 —
传承优秀

请父母和孩子一起回答：
1. 你的孩子身上最突出的优秀品质是什么？写出五点以上。
2. 你的父母身上最突出的优秀品质是什么？各写出五点以上。
3. 父母在学习和生活上是如何帮助孩子更好地发挥自身的优秀品质的？

思考： 你看到过并说过自己和孩子身上的优秀品质吗？
提示： 父母的言传身教非常重要。

后记

给父母指引教育的方向

威廉·德雷谢维奇在《优秀的绵羊》中说，正如许多大学生在顺从和勇气之间摇摆不定，许多家长也竭力在一个失去理智的体系中做到最好。两手一摊显然是不行的，我们需要有所作为，我们不能再继续随大流了。不管潮流多么强大，如果我们想让孩子健康成长，与众不同，就必须以因材施教的方式培养他们。

多年来，我和许多年龄在 14～20 岁之间的孩子打交道，这是一件令我非常开心的事。青春期和成年期曾是两个相对可以辨别的不同阶段，但多年来我见证了两者之间的界限日益模糊。在生活这趟车上，让父母坐在后座，把驾驭 18 岁之后生活的方向盘交给孩子，这样的劝说工作一年比一年难。由于父母的参与，不想自己处理事情的孩子也一年比一年多。如果孩子不具备成为成年人的条件，父母该怎么办？

本来孩子们会通过自然形成的童年发展步骤，获得越来越多的能力和独立感，在此过程中与父母分离，形成自我。如今，这些步骤似乎被父母对安全感的忧虑屏蔽了，所以父母手牵手地拉着孩子，凡事替孩子处理，这种教养方式在很多孩子成年许久之后还在继续。另一方面，青少年和年轻人的焦虑、抑郁和其他心理健康问题的发病率也在持续攀升。

作为父母，我们梦想着拥有自己的孩子，但不要忘记孩子有权拥有自己的梦想。对于每个独一无二的孩子，我们常常自以为很了解他们，然而事实上他们却有着更多需要我们了解或者忽略的地方。孩子身上那个独特的自我需要每个孩子自己去发现，大多数父母都希望能帮助他们，把他们从一个里程碑带到另一个里程碑，一路小心呵护，不让他们遭受痛苦和失败。

但是，父母的过度帮助会给孩子带来伤害，使得孩子们没有具备必需的能力、顽强的意志和坚韧的性格。孩子需要创造自己的生活，需要书写自己的人生故事，也必须担当起自己作为成年人要为社会付出的责任。

如果父母能够有意识地发展并维持和孩子的良好关系，孩子就会重视父母的观点，甚至会主动和父母分享，接受父母的建议。随着孩子的年龄增长，父母要避免要求他们完全采纳自己的意见，逐步把主动权交给他们，优雅地退到孩子的身后，去赞美他、肯定他、支持他。

离开过度养育，放下你拉着孩子的手，收起你脱口而出的答案，培养孩子的独立性，而不是依赖性。支持孩子做他们自己，而不是告诉他们应该成为什么样的人，应该做什么事。希望大家一起努力，把养育孩子的方向转变成如何培养孩子成人上来。

感恩

感恩清华大学社科院的彭凯平教授、樊富岷教授、赵昱鲲博士和曾光博士把积极心理学引入中国并发扬光大。感谢清华大学社科院积极心理学指导中心肖菲老师、张欣老师。

感恩我的父母（父亲崔溶水，母亲林钢玉），谢谢你们给予我生命，教我、养我和爱我。如今我把从你们身上学到的善良、热情、钻研、严谨、踏实、好学的精神，体现在社会服务上，这也是我尽孝的一种方式。

感恩我的爱人沈飞和儿子浩然对我的包容和接纳。在我情绪低落的时候，你们始终站在我的身后支持我，直到我重新振作。同时感谢姐姐文玉，童年的陪伴和回忆如今都是我珍贵的宝藏，让我怀念致远。还要谢谢准儿媳魏安娜在写作过程中给我的大力支持。

感恩我生命中的贵人：师父龙先生（于鸿坤）、师母梅女士、高宏生及杨莉夫妇、沈慧顺及胡伟夫妇、马国祥师父、昌盛法师。

感谢在我成长岁月里教导我的老师周鼎文先生，让我立宏愿：用毕生所学为社会千千万万的家庭服务。同时感谢道石学院的领导和同学们，以及中国生命关怀协会的领导侯玉蛇先生和心理健康专委会和生命教育公益基金专委会的同仁们，谢谢你们伴我一路同行。

感谢清华大学的教授们带给我的学习和思考。感谢联谊会总协调人杨坤女士。

感谢我生命中的贵人,机械工业出版社的王淑花女士的大力支持。感谢机械工业出版社对《解密青春期情绪》一书的大力支持,相信积极心理学和积极教育对社会、对正处在青春期的孩子及他们的家长一定会有所帮助。

是你们的仁爱和正能量一直支持我,让我遇难成祥,助我追求卓越。你们都是我生命中的贵人,是值得我珍惜和学习的榜样。我会永远记住你们。

我还要感谢许多未能一一列举的在本书的资料收集及编辑出版过程中给予过帮助的所有人,更要感谢对积极心理、积极教育充满热情和兴趣的读者朋友们,因为你们的存在才是这本书得以出版的原因,希望这些理论应用和实践案例的分享能够对你们有些帮助。由于水平有限,书中难免会有很多的疏漏,望广大读者海涵,也望朋友们不吝赐教。

最后,真诚地祝福大家活出自己最蓬勃的生命力!

参考文献

[1] 王甦,汪安圣.认知心理学[M].北京:北京大学出版社,1992.

[2] 华生.行为心理学:华生的实用心理学课[M].倪彩,编译.北京:中国纺织出版社,2019.

[3] 西格尔.第七感:心理、大脑与人际关系的新观念[M].黄珏苹,王友富,译.浙江:浙江人民出版社,2013.

[4] 卢森堡.非暴力沟通[M].阮胤华,译.北京:华夏出版社,2016.

[5] 库珀里德,惠特尼.欣赏式探询[M].邱昭良,译.北京:中国人民大学出版社,2007.

[6] 平克.全新思维:决胜未来的六大能力[M].魏艳艳,编.高芳,译.杭州:浙江人民出版社,2013.

[7] 邓鹏.心流体验生命的潜能和乐趣[J].远程教育杂志,2006(3).

[8] 詹金斯.积极心理学:处处有转机[M].魏波珣子,译.北京:九州出版社,2017.

[9] 亨施.如何成为一个抗压的人[M].李进林,译.北京:北京联合出版公司,2019.

[10] 弗雷德里克森.积极情绪的力量[M].王珺,译.北京:中国纺织出版社,2021.

[11] 尼尔森,等.积极组织行为学[M].王明辉,译.北京:中国轻工业出版社,2011.

[12] 彭凯平.吾心可鉴[M].北京:清华大学出版,2016.

[13] 彭凯平.澎湃的福流[M].北京:清华大学出版,2016.

[14] 彭聃龄.普通心理学[M].北京:北京师范大学出版社,2019.

［15］哈特，等.非暴力沟通亲子篇［M］.李红燕，译.北京：华夏出版社，2019.

［16］曾光，赵昱鲲.幸福的科学［M］.北京：人民邮电出版社，2018.

［17］兰格.专念：积极心理学的力量［M］.王佳艺，译.北京：浙江人民出版社，2012.

［18］刘轩.幸福的最小行动［M］.北京：中信出版集团，2018.

［19］海姆斯.如何让孩子成年又成人［M］.彭小华，译.成都：四川人民出版社，2018.

［20］塞利格曼，等.教出乐观的孩子：让孩子受用一生的幸福经典［M］.洪莉，译.北京：北京联合出版公司，2017.

［21］乔拉米卡利.共情力：你压力大是因为没有共情能力［M］.耿沫，译.北京：北京联合出版社，2017.

［22］王凤修.五维幸福岛［M］.北京：石油工业出版社，2018.